BESTACTIVITYBOOKS.COM

EERSTE EDITIE - Gepubliceerd in 2022

Extra grafisch materiaal van: www.freepik.com
Dank aan: Alekksall, Starline, Pch.vector, Rawpixel.com, Vectorpocket, Dgim-studio, Upklyak, Macrovector, Stockgiu, Pikisuperstar & Freepik.com Designers

5 TIPS OM TE BEGINNEN!

1) HOE OP TE LOSSEN

De Puzzels zijn in een Klassiek Formaat:

- Woorden worden verborgen zonder pauzes (geen spaties, streepjes, ...)
- Oriëntatie: Voorwaarts & Achterwaarts, Boven & Beneden of in Diagonaal (kan in beide richtingen)
- Woorden kunnen elkaar overlappen of kruisen

2) ACTIEF LEREN

Naast elk woord is een spatie voorzien om de vertaling te noteren. Om actief te leren vindt u een **WOORDENBOEK** aan het einde van deze editie om uw kennis te controleren en uit te breiden. U kunt elke vertaling opzoeken en opschrijven, de woorden in de puzzel vinden en ze vervolgens aan uw woordenschat toevoegen!

3) TAG JE WOORDEN

Hebt u al geprobeerd een labelsysteem te gebruiken? U zou bijvoorbeeld de woorden die moeilijk te vinden waren kunnen markeren met een kruis, de woorden die u leuk vond met een ster, nieuwe woorden met een driehoek, zeldzame woorden met een ruit enzovoort...

4) ORGANISEER UW LEREN

Wij bieden ook een handig **NOTITIEBOEKJE** aan het eind van deze uitgave. Of u nu op vakantie, op reis of thuis bent, u kunt uw nieuwe kennis gemakkelijk ordenen zonder dat u een tweede notitieboek nodig hebt!

5) AFGESLOTEN?

Ga naar de bonussectie: **FINAAL UITDAGING** om een gratis spel te vinden dat aan het einde van deze editie wordt aangeboden!

Wil je meer leuke en leerzame activiteiten? Het is **Snel en Eenvoudig!**
Een hele collectie spelboeken slechts **één klik verwijderd!**

Vind uw volgende uitdaging bij:

BestActivityBooks.com/MijnVolgendeBoek

Klaar... Start!

Wist u dat er zo'n 7000 verschillende talen in de wereld zijn? Woorden zijn kostbaar.

We houden van talen en hebben hard gewerkt om de boeken van de hoogste kwaliteit voor u te maken. Onze ingrediënten?

Een selectie van onmisbare leerthema's, drie grote plakken plezier, dan voegen we er een lepel moeilijke woorden en een snuifje zeldzame woorden aan toe. We serveren ze met zorg en een maximum aan verrukking, zodat je de beste woordspelletjes kunt oplossen en veel plezier beleeft aan het leren!

Uw feedback is essentieel. U kunt een actieve bijdrage leveren aan het succes van dit boek door een recensie achter te laten. Vertel ons wat u het meest beviel in deze editie!

Hier is een korte link die u naar uw bestelpagina brengt:

BestBooksActivity.com/Recensies50

Bedankt voor uw hulp en veel plezier met het spel!

Linguas Classics

1 - Metingen

D	E	M	M	A	R	G	N	E	B	P	Z	K	S
G	Ý	Ð	W	S	U	L	N	Ð	Æ	H	A	Í	P
N	O	P	D	N	T	K	W	V	T	J	Ð	L	M
E	H	F	T	Ú	T	Ð	A	I	I	A	K	Ó	P
L	F	J	V	L	O	Ð	S	S	T	K	Y	M	V
L	Í	T	R	I	P	L	E	S	T	Þ	F	E	W
B	H	F	V	S	F	W	N	E	X	A	Þ	T	T
R	K	Í	L	Ó	L	Þ	T	M	N	T	F	R	J
E	Y	P	T	M	Á	Y	I	M	V	Ú	O	A	U
I	D	N	I	B	H	N	M	Æ	E	N	I	N	C
D	J	V	A	J	Ð	G	E	L	H	Í	J	Z	N
D	T	K	B	W	T	D	T	I	U	M	M	O	T
M	A	X	Þ	M	N	E	R	R	S	H	S	S	V
D	O	R	O	R	W	P	D	C	D	W	R	H	Þ

BREIDD
BÆTI
SENTIMETR
AUKASTAF
DÝPT
ÞYNGD
GRAMM
HÆÐ
TOMMU
KÍLÓ
KÍLÓMETRA
LENGD
LÍTRI
MESSI
MÆLIR
MÍNÚTA
ÚNSA
HÁLFPOTTUR
TONN
BINDI

2 - Keuken

K	C	S	M	E	Q	W	K	R	Y	D	D	G	Þ
X	E	V	S	E	D	T	P	S	M	Ð	J	F	U
O	U	T	N	U	V	S	K	R	O	F	L	F	P
C	T	Þ	I	K	Ö	N	N	U	K	W	S	C	P
Ð	Y	Q	L	L	F	R	Y	S	T	I	V	Í	S
G	X	E	F	Á	L	M	A	T	U	R	A	S	K
K	R	L	H	K	I	P	G	P	W	T	M	S	R
R	E	I	V	S	A	S	I	O	F	N	P	K	I
U	M	Ð	L	C	J	F	O	N	L	Þ	U	Á	F
K	M	X	S	L	K	N	X	Y	N	X	R	P	T
K	Y	H	Y	X	H	N	Í	F	A	A	Y	U	C
U	A	T	T	E	Í	V	R	E	S	I	R	R	Z
Z	T	F	Z	C	E	A	X	Q	U	Ð	B	P	V
S	K	E	I	Ð	A	R	V	Q	A	L	L	O	B

BOLLA
PINNAR
GRILL
KETILL
ÍSSKÁPUR
SKÁL
KÖNNU
SKEIÐAR
HNÍFA
OFN
AUSA
KRUKKU
UPPSKRIFT
SVUNTU
SERVÍETTA
KRYDD
SVAMPUR
MATUR
FORKS
FRYSTI

3 - Boten

F	U	J	G	G	Y	R	B	L	S	A	N	Z	G
V	L	W	R	Q	O	F	A	O	E	W	C	A	S
R	Á	E	G	S	I	M	U	Y	G	G	Ö	P	T
U	H	W	K	K	A	J	A	K	L	V	L	C	Ö
T	Ö	Z	Q	I	V	É	L	A	B	N	D	O	Ð
I	F	S	N	E	K	K	J	U	Á	S	U	V	U
O	N	H	L	Ð	R	H	Y	E	T	G	R	L	V
R	E	I	P	I	U	M	A	A	U	Z	E	O	A
F	G	V	B	M	T	C	T	F	R	O	V	A	T
Z	E	U	L	V	S	G	N	Ó	B	K	I	K	N
V	L	R	U	Ð	A	M	Ó	J	S	S	R	K	V
Q	M	Ð	J	A	M	K	N	S	W	O	O	E	Ð
Z	N	Ð	F	A	N	N	A	M	Ó	J	S	R	I
I	U	W	K	Q	A	U	K	J	L	H	Ð	I	M

AKKERI
ÁHÖFN
BAU
BRYGGJU
ÖLDUR
SNEKKJU
KAJAK
KANÓ
MASTUR
SJÓMAÐUR
STÖÐUVATN
VÉL
SJÓMANNA
HAF
RIVER
REIPI
FERJA
FLEKI
SJÓ
SEGLBÁTUR

4 - Chocolade

A	Ó	B	I	T	U	R	U	T	Æ	S	V	N	K
G	C	K	I	R	I	Z	C	Đ	Đ	R	Á	A	A
H	I	T	A	E	I	N	I	N	G	A	R	M	R
H	F	D	N	K	Q	Þ	S	A	Y	A	Þ	M	A
P	A	N	D	G	N	Z	M	S	A	Đ	R	I	M
I	L	M	U	R	Q	L	W	Đ	P	K	G	B	E
T	D	Đ	I	F	P	N	D	O	S	M	Q	K	L
A	N	D	O	X	U	N	A	R	E	F	N	I	L
S	Y	K	U	R	V	V	X	I	P	Z	C	K	A
F	R	A	M	A	N	D	I	H	N	E	T	U	M
E	C	K	U	P	P	S	K	R	I	F	T	P	L
K	Ó	K	O	S	H	N	E	T	A	G	E	Z	N
U	P	P	Á	H	A	L	D	S	Q	G	Æ	Đ	I
L	J	Ú	F	F	E	N	G	U	R	D	U	F	T

ANDOXUNAREFNI
ILMUR
BITUR
KAKÓ
HITAEININGAR
FRAMANDI
UPPÁHALDS
LJÚFFENGUR
EFNI
KARAMELLA
KÓKOSHNETA
GÆÐI
HNETUM
DUFT
UPPSKRIFT
BRAGÐ
NAMMI
SYKUR
ÞRÁ
SÆTUR

5 - Gezondheid en Welzijn #2

E	D	E	U	C	M	I	I	C	K	E	M	V	S
B	R	B	L	Ó	Đ	L	O	V	A	T	I	G	Ú
C	S	F	N	R	L	X	F	Í	L	V	M	Z	H
R	V	L	Đ	U	S	Þ	N	T	O	B	A	T	A
F	S	L	M	A	D	H	Æ	A	R	M	K	R	R
O	R	K	A	A	F	D	M	M	Í	E	Í	I	K
J	Þ	D	Đ	F	T	R	I	Í	A	L	L	A	Ú
X	N	B	Þ	M	S	A	Æ	N	Þ	T	E	T	J
S	T	R	E	I	T	U	R	Đ	W	I	R	Þ	S
U	Þ	Q	X	D	J	Y	M	Æ	I	N	Q	E	D
H	R	E	I	N	L	Æ	T	I	Đ	G	M	H	G
X	Z	W	P	A	D	K	Y	G	N	I	R	Æ	N
S	M	I	T	U	N	X	O	F	F	J	Đ	P	Y
L	Í	F	F	Æ	R	A	F	R	Æ	Đ	I	L	Þ

OFNÆMI
LÍFFÆRAFRÆÐI
BLÓÐ
KALORÍA
MATARÆÐI
ORKA
ERFÐAFRÆÐI
ÞYNGD
BATA
HREINLÆTI
SMITUN
LÍKAMI
NUDD
MELTING
STREITU
VÍTAMÍN
NÆRING
SJÚKRAHÚS

6 - Tijd

F	T	Þ	M	Ð	Z	G	U	K	L	U	K	K	A
Z	W	L	D	I	W	E	O	V	D	D	B	N	T
I	M	O	N	N	U	G	R	O	M	A	Á	Ó	Ú
Ö	L	D	Þ	Ú	Z	T	T	V	Þ	G	R	T	N
R	V	I	G	T	N	H	M	I	K	A	A	T	Í
I	Z	J	X	E	S	A	F	K	H	T	T	E	M
M	Á	N	U	Ð	U	R	M	A	T	A	U	E	F
Á	R	L	E	G	A	Á	Í	M	L	L	G	F	R
R	A	Æ	Y	U	R	X	D	Þ	E	Y	U	T	A
Q	R	U	G	A	D	C	A	D	Þ	N	R	I	M
N	I	J	S	Í	U	Q	G	M	A	I	S	R	T
P	H	Á	D	E	G	I	X	Ð	X	B	Y	H	Í
K	L	U	K	K	U	S	T	U	N	D	G	Þ	Ð
H	H	O	P	K	H	L	M	Z	Þ	S	O	D	Ð

DAGUR
ÁRATUGUR
ÖLD
Í GÆR
ÁR
ÁRLEGA
DAGATAL
KLUKKA
MÁNUÐUR
HÁDEGI
MÍNÚTA
EFTIR
NÓTT
NÚNA
MORGUNN
FRAMTÍÐ
KLUKKUSTUND
Í DAG
SNEMMA
VIKA

7 - Meditatie

H	A	M	I	N	G	J	A	W	E	Þ	M	Þ	T
A	V	Q	K	S	A	M	Ú	Ð	A	R	Ö	T	R
N	A	G	K	A	K	A	S	Þ	M	I	R	G	I
D	K	B	Y	Q	I	M	T	S	K	Q	F	K	N
L	A	O	Þ	L	K	K	Þ	H	X	V	I	T	A
E	N	L	M	Y	I	F	C	N	U	Ð	M	S	S
G	D	V	A	A	E	P	G	I	R	G	R	I	G
T	I	X	S	D	L	I	V	Ð	Ó	G	U	L	U
N	Á	T	T	Ú	R	A	N	T	G	P	Ð	N	H
U	O	L	G	M	Ý	H	X	Ö	H	Þ	I	Ó	Y
I	T	Æ	L	K	K	A	Þ	N	M	H	R	T	N
E	M	G	J	U	S	C	R	D	L	Q	F	X	H
S	A	M	T	Ö	K	Q	I	U	B	G	C	G	A
A	T	H	Y	G	L	I	Y	N	L	O	G	N	W

ATHYGLI
SAMÞYKKI
ÖNDUN
SAMTÖK
ÞAKKLÆTI
HUGSANIR
HAMINGJA
SKÝRLEIKI
LOGN
SAMÚÐ
ANDLEGT
TÓNLIST
NÁTTÚRAN
ATHUGUN
ÞÖGN
FRIÐUR
GÓÐVILD
VAKANDI

8 - Vogels

O	Z	W	J	K	M	M	X	H	R	Y	M	P	S
B	S	I	A	Q	J	Á	R	C	M	Q	Ö	E	V
Þ	G	I	M	C	F	Ú	F	Z	Ð	Ð	R	A	A
K	R	Á	K	A	N	B	K	U	M	C	G	C	N
S	P	A	R	R	O	W	B	L	R	O	Æ	O	U
S	O	H	U	U	R	Ð	H	Ð	I	G	S	C	R
J	U	P	S	K	E	H	L	S	N	N	Æ	K	O
K	B	D	Ð	U	H	G	A	T	A	I	G	C	M
A	F	H	K	A	A	Ð	T	R	C	M	K	U	Y
U	G	L	A	G	U	Þ	O	Ú	I	A	P	V	R
S	T	O	R	K	U	R	U	T	L	L	Ö	N	D
D	Ú	F	A	Z	Ð	C	C	U	E	F	Ð	O	D
K	F	K	C	G	W	M	A	R	P	G	C	C	L
O	S	O	G	C	R	S	N	B	J	K	G	K	V

DÚFA
ÖND
EGG
FLAMINGO
GÆS
KJÚKLINGUR
GAUKUR
KRÁKA
MÁFUR
SPARROW
STORKUR
PEACOCK
PELICAN
MÖRGÆS
HERON
STRÚTUR
TOUCAN
UGLA
SVANUR

9 - Wiskunde

R	M	F	H	M	S	E	K	A	P	H	S	T	Ð
É	A	A	E	A	U	A	D	E	I	L	D	D	L
T	R	T	O	R	B	O	M	K	Ú	L	A	J	K
T	G	S	B	G	N	R	O	H	R	U	C	A	Þ
H	H	A	I	O	F	I	Ð	R	L	N	U	F	S
Y	Y	K	N	L	I	Ð	N	B	K	I	F	N	A
R	R	U	D	A	H	W	E	G	G	Ð	Ð	A	M
N	N	A	I	Ð	R	Q	A	L	U	Æ	U	A	H
I	I	F	W	Í	T	Ö	L	U	R	R	B	P	V
N	N	W	Þ	L	U	M	M	Á	L	F	L	K	E
G	G	G	L	Á	M	R	E	V	Þ	M	L	D	R
U	D	P	Y	J	S	U	M	M	A	Ú	F	K	F
R	Y	H	Ð	H	Þ	R	V	W	A	R	X	O	U
V	E	L	D	I	S	V	Í	S	I	R	A	Ð	Q

KÚLA
AUKASTAF
ÞVERMÁL
DEILD
VELDISVÍSIR
BROT
RÚMFRÆÐI
HORN
UMMÁL
SAMHLIÐA
HJÁLÍÐALOGRAM
RÉTTHYRNINGUR
TÖLUR
SUMMA
SAMHVERFU
MARGHYRNING
JAFNA
FERNINGUR
BINDI

10 - Gezondheid en Welzijn #1

A	Þ	Z	D	C	A	Y	B	I	Ð	D	Ð	K	H
H	P	L	P	J	Y	X	R	Ð	P	Þ	E	F	U
H	Æ	Ó	J	I	L	O	U	R	U	L	I	F	N
M	R	Ð	T	P	S	B	Í	N	Z	X	G	K	G
H	V	G	O	E	P	Y	R	K	V	Y	B	X	U
O	Ö	A	R	A	K	M	E	Ð	F	E	R	Ð	R
R	Ð	R	B	Ð	X	U	T	N	Ú	G	I	T	I
M	V	B	N	F	Y	L	K	G	T	H	N	X	O
Ó	A	Ð	I	O	F	S	A	H	B	H	K	U	B
N	N	I	E	B	D	Ð	B	V	V	Þ	Æ	O	F
Ð	C	V	B	N	T	I	W	E	O	K	L	I	Q
V	I	R	K	U	R	E	V	I	V	E	N	J	A
T	A	U	G	A	R	M	Ð	R	A	J	J	L	O
C	U	S	L	Ö	K	U	N	A	Q	G	E	N	I

VIRKUR
APÓTEK
BAKTERÍUR
MEÐFERÐ
BEIN
BEINBROT
LÆKNIR
VENJA
HUNGUR
HÆÐ
HORMÓN
HÚÐ
MEIÐSLUM
LYF
SLÖKUN
VIÐBRAGÐ
VÖÐVA
VEIRA
TAUGAR

11 - Camping

L	A	O	Ð	S	E	V	V	J	V	Þ	T	F	X
W	U	P	L	K	Z	K	E	Q	R	S	U	J	V
A	O	K	Z	Ó	X	S	P	I	B	V	N	A	Q
S	Q	P	T	G	C	B	F	C	Ð	I	G	L	S
J	F	E	M	U	A	V	K	B	K	A	L	L	K
N	R	H	É	R	T	X	G	N	Ð	O	J	J	A
Á	V	E	Ð	Ý	I	T	J	A	L	D	R	T	N
T	Q	N	W	D	V	H	A	T	T	U	R	T	Ó
T	D	G	E	Y	A	Æ	V	I	N	T	Ý	R	I
Ú	Y	I	Z	A	T	S	K	O	R	D	Ý	R	P
R	G	R	O	N	T	I	Q	X	U	R	R	H	I
A	X	Ú	X	P	Á	Q	O	X	D	I	M	X	E
N	J	M	K	L	E	F	A	C	L	F	J	P	R
S	T	Ö	Ð	U	V	A	T	N	E	F	U	G	B

ÆVINTÝRI
FJALL
TRÉ
SKÓGUR
ELDUR
KLEFA
DÝR
HENGIRÚM
HATTUR
SKORDÝR
VEIÐA
KORT
KANÓ
ÁTTAVITA
LUKT
TUNGL
STÖÐUVATN
NÁTTÚRAN
TJALD
REIPI

12 - Algebra

S	S	V	I	G	A	B	F	V	D	U	C	N	Þ
O	K	Y	Q	C	Þ	R	Y	A	M	F	A	R	G
F	L	Ý	H	M	L	O	L	N	U	O	J	Þ	Q
K	R	A	R	I	L	T	K	D	S	R	A	R	I
P	U	Á	U	I	Ú	G	I	A	U	M	F	K	Ó
R	T	C	D	S	N	W	J	M	M	Ú	N	M	E
M	T	Q	N	R	N	G	U	Á	M	L	A	A	N
C	Á	H	A	S	Á	O	A	L	A	A	G	G	D
P	Þ	Z	Ð	N	P	T	A	R	A	A	E	N	A
R	A	N	G	T	O	X	T	R	M	T	L	S	N
U	U	B	V	C	Z	G	A	U	Q	Y	U	S	L
E	I	N	F	A	L	D	A	O	R	E	N	Ð	E
V	E	L	D	I	S	V	Í	S	I	R	Í	D	G
O	G	J	Z	P	R	S	Z	I	K	B	L	Q	A

FRÁDRÁTTUR
SKÝRINGARMYND
VELDISVÍSIR
ÞÁTTUR
FORMÚLA
BROT
GRAF
SVIGA
MAGN
LÍNULEG

FYLKI
NÚLL
ÓENDANLEGA
LAUSN
VANDAMÁL
SUMMA
RANGT
BREYTA
EINFALDA
JAFNA

13 - Activiteiten

G	B	H	D	H	I	B	M	Q	I	E	Đ	G	L
S	A	V	E	I	Đ	A	U	H	D	Þ	L	A	J
A	J	R	F	Þ	I	L	J	P	L	R	M	L	Ó
U	G	H	Đ	L	E	Ú	T	J	Æ	Đ	A	D	S
M	Æ	X	L	Y	V	V	I	R	K	N	I	U	M
A	N	T	I	Þ	R	X	N	Y	S	H	M	R	Y
R	Á	Í	S	R	U	K	Đ	Þ	L	Æ	Á	K	N
K	H	M	T	A	T	X	J	M	Ö	F	L	E	D
J	L	I	F	U	S	T	T	A	K	N	V	R	U
H	I	S	W	T	E	G	Y	P	U	I	E	A	N
X	L	T	N	I	L	P	Đ	L	N	W	R	M	T
F	V	I	Q	R	W	G	B	D	Đ	V	K	I	Q
A	I	Q	N	D	T	C	D	A	N	S	A	K	I
H	A	N	D	V	E	R	K	L	K	I	H	X	Q

VIRKNI
HANDVERK
DANSA
LJÓSMYNDUN
VEIÐI
VEIÐA
ÚTJÆÐA
KERAMIK
LIST
LESTUR
GALDUR
SAUMA
SLÖKUN
ÁNÆGJA
ÞRAUTIR
MÁLVERK
GARÐYRKJA
HÆFNI
TÍMIST

14 - Vormen

F	I	L	C	V	S	X	W	B	H	L	Í	N	A
R	E	H	R	I	N	G	K	Đ	L	Đ	C	P	U
É	Z	R	A	N	T	T	K	N	I	P	X	Ý	J
T	P	U	I	U	P	B	C	E	Đ	L	X	R	S
T	R	G	B	L	J	R	V	B	I	W	I	A	T
H	I	N	A	R	L	U	M	U	U	L	W	M	R
Y	S	I	U	W	Ú	G	F	Q	S	G	A	Í	O
R	M	N	R	O	H	N	C	Y	U	B	L	D	K
N	S	R	U	J	I	I	I	K	T	K	Ú	A	K
I	O	Y	V	E	B	N	K	R	W	V	K	Þ	A
N	B	H	H	Y	P	E	R	B	O	L	A	E	E
G	T	Í	G	J	M	T	L	Đ	G	J	I	W	Þ
U	I	R	U	M	F	E	R	Đ	O	N	J	B	E
R	Y	Þ	M	A	R	G	H	Y	R	N	I	N	G

KÚLA
ARC
STROKKA
HRING
FERILL
ÞRÍHYRNINGUR
HORN
HYPERBOLA
HLIÐ

KEILA
TENINGUR
LÍNA
PÝRAMÍDA
PRISM
BRÚNIR
RÉTTHYRNINGUR
UMFERÐ
MARGHYRNING

15 - Diplomatie

D	S	N	Ö	S	V	N	W	R	E	R	S	M	R
D	T	G	R	E	N	M	I	G	R	É	E	A	Á
H	J	A	Y	Ó	V	Q	T	P	B	T	N	N	Ð
Þ	Ó	L	G	Y	J	Q	O	F	A	T	D	N	G
U	R	É	G	I	B	T	Ð	G	F	L	I	R	J
M	N	F	I	H	I	L	S	Y	W	Æ	R	Æ	A
R	M	M	D	H	U	T	X	S	D	T	Á	Ð	F
Æ	Á	A	N	V	M	K	Þ	U	I	I	Ð	I	I
Ð	L	S	I	Ð	F	R	Æ	Ð	I	K	Ö	T	Á
A	L	C	L	Á	L	Y	K	T	U	N	Í	Þ	Þ
B	A	C	I	T	A	M	O	L	P	I	D	R	Q
S	U	Ð	E	S	E	N	D	I	H	E	R	R	A
H	S	M	H	T	U	N	G	U	M	Á	L	X	G
T	N	S	A	M	S	T	A	R	F	S	F	V	G

RÁÐGJAFI
SENDIRÁÐ
SENDIHERRA
ÁTÖK
DIPLOMATIC
UMRÆÐA
SIÐFRÆÐI
SAMFÉLAG
RÉTTLÆTI
MANNRÆÐI
HEILINDI
LAUSN
STJÓRNMÁL
RÍKISSTJÓRN
ÁLYKTUN
SAMSTARF
TUNGUMÁL
ÖRYGGI

16 - Astronomie

C	K	O	B	O	Q	S	H	P	A	Đ	L	Þ	E
O	H	B	Þ	Z	K	Q	T	N	N	H	N	H	J
S	R	S	G	B	V	L	F	J	R	I	I	R	S
M	I	E	Q	G	K	I	K	U	A	N	Ó	J	S
O	H	R	I	R	Ý	D	B	Q	J	R	V	F	T
S	R	V	A	V	X	F	G	X	T	I	N	M	U
G	U	A	L	F	D	L	E	E	S	T	U	A	N
R	I	T	X	W	M	D	T	C	A	S	L	Þ	G
F	R	O	A	G	V	I	B	H	L	Á	S	O	L
Þ	Đ	R	Ö	J	F	T	E	I	A	M	I	K	O
O	Đ	Y	E	T	J	C	L	G	H	S	E	K	E
G	E	R	V	I	T	U	N	G	L	N	G	A	Y
R	E	I	K	I	S	T	J	A	R	N	A	Y	G
Þ	H	E	Q	U	I	N	O	X	P	H	U	T	K

JÖRÐ
SMÁSTIRNI
GEIMFARI
DÝRIR
EQUINOX
HALASTJARNA
COSMOS
TUNGL
ÞOKKA
OBSERVATORY
REIKISTJARNA
ELDFLAUG
GERVITUNGL
STJARNA
GEISLUN
SJÓNAUKI

17 - Emoties

A	E	N	F	Þ	Ð	H	E	Á	R	O	F	R	R
F	Y	T	U	R	Ó	A	L	Æ	S	I	R	E	Ð
S	M	E	L	S	P	E	N	N	T	T	I	I	Y
L	S	B	L	S	B	X	G	E	E	T	Ð	Ð	L
A	L	L	N	Þ	A	W	Z	B	A	Ó	U	I	E
P	I	W	Æ	G	W	M	H	N	G	Ð	R	A	U
P	Z	Ð	G	J	O	K	Ú	X	O	Q	I	Z	Z
A	F	O	T	W	Ð	L	B	Ð	T	O	D	Z	M
Ð	T	A	G	J	G	L	E	Ð	I	I	N	F	E
U	Þ	Þ	A	K	K	L	Á	T	U	R	I	L	R
R	V	K	X	P	V	P	I	Ð	K	O	Ð	Y	E
J	S	Þ	Y	Þ	Z	A	G	Ó	Ð	V	I	L	D
L	É	T	T	I	R	W	E	I	T	Þ	E	Y	T
N	R	V	S	O	R	G	R	B	L	Þ	L	V	O

ÓTTI
ÞAKKLÁTUR
SORG
SÆLA
EFNI
LOGN
ÁST
AFSLAPPAÐUR
SPENNT
LÉTTIR
RÓ
SAMÚÐ
EYMSLI
FULLNÆGT
LEIÐINDI
FRIÐUR
GLEÐI
GÓÐVILD
REIÐI

18 - Vakantie #2

F	I	K	P	T	F	F	X	O	P	Y	C	V	Ú
E	R	R	O	O	R	L	T	S	E	L	R	O	T
R	K	U	Þ	I	Í	U	J	H	K	W	B	Đ	L
Đ	B	Đ	V	X	Y	G	A	Đ	Æ	J	T	Ú	E
F	J	A	R	A	L	V	L	J	S	J	Ó	C	N
É	M	T	U	T	X	Ö	D	M	Y	W	A	M	D
R	Y	S	G	Þ	L	L	Ö	J	F	E	B	J	I
B	N	A	N	T	J	L	T	Í	M	I	S	T	N
A	D	G	Ö	H	D	U	H	Ó	T	E	L	W	G
G	I	N	G	K	P	R	Y	K	H	H	A	Z	U
E	R	A	M	Y	O	W	S	F	O	X	M	X	R
V	B	F	A	E	P	R	Y	E	Q	C	J	W	Þ
Þ	I	Á	S	I	X	Y	T	C	E	Z	T	J	N
E	R	L	E	N	D	U	M	N	M	Y	A	L	A

FJÖLL
ÁFANGASTAÐUR
ÚTLENDINGUR
ERLENDUM
EYJA
MYNDIR
HÓTEL
KORT
ÚTJÆÐA
FLUGVÖLLUR
VEGABRÉF
FERÐ
FJARA
TAXI
TJALD
LEST
FRÍ
SAMGÖNGUR
TÍMIST
SJÓ

19 - Weersomstandigheden

N	W	X	E	W	N	T	K	C	S	I	M	V	E
W	Y	G	G	R	A	F	R	U	Ð	E	V	I	D
F	R	Þ	W	N	Ú	S	N	O	M	N	R	N	X
H	Þ	U	R	R	K	A	R	E	P	N	E	D	R
F	I	R	E	G	N	B	O	G	I	I	L	U	A
E	P	T	Y	Ý	U	F	S	R	D	M	C	R	K
L	B	O	A	K	Ó	Þ	M	K	L	I	W	A	T
L	A	H	L	S	G	T	T	S	Ð	H	F	Z	L
I	F	Q	Ð	A	T	F	H	Y	U	H	Ð	M	Þ
B	I	K	L	Z	R	I	D	Y	L	T	Ó	V	R
Y	W	W	G	Y	S	V	G	N	I	D	L	E	U
L	Y	N	J	S	T	O	R	M	U	R	F	G	M
U	S	T	J	Ó	R	N	M	Á	L	G	Þ	Y	U
R	G	F	M	Í	S	T	O	R	N	A	D	O	R

STJÓRNMÁL
ELDING
ÞRUMUR
ÞURRKAR
HIMINN
ÍS
VEÐURFAR
ÞÓKA
MONSÚN
FELLIBYLUR
FLÓÐ
POLAR
REGNBOGI
STORMUR
HITASTIG
TORNADO
TROPICAL
RAKT
VINDUR
SKÝ

20 - Strand

S	D	E	C	A	N	W	M	Þ	K	S	E	R	S
N	T	M	I	T	U	R	Þ	H	N	J	B	I	K
G	Í	R	F	A	H	T	N	W	I	W	R	F	E
B	B	U	Ö	Í	J	O	Ð	L	E	N	U	B	L
B	R	O	U	N	L	C	P	O	G	X	D	L	J
Q	V	Y	G	V	D	H	A	F	I	K	N	Á	A
T	R	M	G	P	B	I	N	E	Y	J	A	R	R
G	C	Z	B	G	D	P	N	G	Ó	K	S	K	N
B	Á	T	U	R	J	P	Þ	N	E	W	Y	R	O
S	Ó	L	F	A	W	U	Z	U	I	R	L	A	E
R	J	S	E	G	L	B	Á	T	U	R	Þ	B	Þ
Y	S	H	A	N	D	K	L	Æ	Ð	I	A	B	K
A	Ð	S	Y	N	D	A	M	V	Q	F	D	I	N
L	Ó	N	D	Y	B	B	Ð	B	V	T	T	L	K

BLÁR
BÁTUR
BRYGGJU
EYJA
HANDKLÆÐI
KRABBI
STRÖNDINNI
LÓN
HAF
REGNHLÍF
RIF
SKÓ
SKELJAR
FRÍ
SANDUR
SJÓ
SEGLBÁTUR
SÓL
AÐ SYNDA

21 - Eten #2

S	P	A	J	J	H	B	G	J	T	T	Q	R	P
W	K	M	X	Đ	W	V	B	R	A	U	Đ	A	Đ
Đ	C	I	L	P	E	X	E	I	M	X	R	S	L
H	W	X	N	Đ	F	J	G	I	Ó	Y	I	P	Z
J	R	A	J	K	S	R	E	F	T	K	T	A	K
Ó	Þ	Í	Y	S	A	N	A	N	A	I	K	S	J
G	I	V	S	B	H	W	B	A	N	A	N	I	Ú
Ú	N	Í	A	G	Đ	E	A	I	V	L	P	L	K
R	W	K	H	G	R	D	D	X	Í	T	P	A	L
T	W	Đ	Y	E	Z	J	U	L	N	Ö	M	E	I
O	S	T	U	R	S	U	Ó	W	B	J	U	G	N
F	I	S	K	U	R	E	K	N	E	J	K	H	G
E	G	G	A	L	D	I	N	R	R	P	O	Đ	U
S	P	E	R	G	I	L	K	Á	L	Y	L	J	R

MÖNLU
ANANAS
EPLI
ASPAS
EGGALDIN
BANANI
SPERGILKÁL
BRAUÐ
VÍNBER
EGG
SKINKA
OSTUR
KJÚKLINGUR
KÍVÍ
FERSKJA
HRÍSGRJÓN
HVEITI
TÓMAT
FISKUR
JÓGÚRT

22 - Klimmen

L	S	T	Ö	Ð	U	G	L	E	I	K	I	Á	S
S	A	F	O	R	V	I	T	N	I	L	K	S	T
T	T	N	T	G	E	L	M	A	K	Í	L	K	J
A	E	Y	D	U	A	L	H	K	W	S	M	O	Ó
Þ	O	Þ	R	S	N	E	Y	S	C	H	E	R	R
N	S	Z	E	K	L	H	Y	N	C	Æ	I	A	N
S	U	J	K	U	U	A	D	A	N	Ð	Ð	N	M
M	T	K	X	S	K	R	G	H	U	B	S	I	Á
R	G	Í	K	O	R	T	A	I	O	I	L	R	L
A	N	J	G	Þ	J	Á	L	F	U	N	U	E	L
L	Ö	Q	D	V	B	Þ	T	H	I	V	M	Ð	R
B	R	U	S	W	É	T	Þ	T	K	I	O	F	Ð
F	Þ	R	R	U	M	L	Á	J	H	M	L	G	M
L	E	I	Ð	S	Ö	G	U	M	E	N	N	D	P

STJÓRNMÁL
LÍKAMLEGT
LEIÐSÖGUMENN
HELLI
HANSKA
HJÁLMUR
HÆÐ
KORT
STYRKUR
STÍGVÉL
MEIÐSLUM
FORVITNI
ÞJÁLFUN
ÞRÖNGT
STÖÐUGLEIKI
LANDSLAGI
ÁSKORANIR

23 - Geologie

S	T	O	U	H	H	R	Đ	I	N	C	B	Á	D
T	L	G	M	Á	I	E	L	J	B	D	M	L	V
A	R	Ý	S	L	F	P	L	X	U	U	M	F	Đ
L	Y	K	Þ	E	C	D	A	L	N	S	B	U	Z
A	W	X	S	N	U	A	R	H	I	A	I	N	H
C	M	K	V	D	Đ	J	Ó	N	N	L	I	N	R
T	U	D	Æ	I	U	F	K	B	N	T	N	I	K
I	Í	J	Đ	O	U	H	A	K	S	I	F	O	R
T	S	M	I	L	L	A	J	F	D	L	E	T	V
E	L	Þ	V	D	V	N	C	Z	M	B	N	T	H
J	A	R	Đ	S	K	J	Á	L	F	T	I	K	S
L	K	H	K	V	A	R	S	Þ	V	J	E	B	H
R	A	L	L	A	T	S	I	R	K	G	T	B	N
Z	P	G	L	D	Q	W	R	E	V	H	S	O	G

JARÐSKJÁLFTI
KALSÍUM
ÁLFUNNI
ROF
GOSHVER
HELLI
KÓRALL
KRISTALLAR
KVARS
LAG
HRAUN
STEINEFNI
HÁLENDI
STALACTITE
STEINN
ELDFJALL
SVÆÐI
SALT
SÝRA

24 - Specerijen

P	I	P	A	R	O	Z	S	O	B	Ð	X	H	Y
K	V	I	E	K	U	Ð	G	A	N	R	N	L	T
Ú	A	T	N	Ó	I	T	U	Q	L	J	A	T	Þ
M	N	L	G	R	A	R	Æ	V	E	T	R	G	S
E	I	A	I	Í	R	L	Q	S	V	D	F	M	Ð
N	L	U	F	A	M	Ú	S	K	A	T	F	N	Z
Þ	L	K	E	N	K	A	R	R	Ý	L	A	F	Ð
V	U	U	R	D	L	W	K	N	A	E	S	G	O
E	R	R	N	E	I	M	Ð	L	E	N	N	E	F
A	N	Í	S	R	N	Y	F	M	N	P	E	Þ	Z
H	V	Í	T	L	A	U	K	U	R	D	G	O	Þ
P	A	P	R	I	K	A	Q	P	I	O	U	T	V
K	A	R	D	E	M	O	M	M	U	L	L	S	P
B	I	T	U	R	H	M	C	Ð	I	Y	L	V	Þ

ANÍS
BITUR
ENGIFER
KANIL
KARDEMOMMU
KARRÝ
HVÍTLAUKUR
KÚMEN
KÓRÍANDER
NEGULL
MÚSKAT
PAPRIKA
PIPAR
SAFFRAN
BRAGÐ
LAUKUR
VANILLU
FENNEL
SÆTUR
SALT

25 - Groenten

P	E	A	J	Đ	Æ	R	Đ	S	D	S	Þ	S	R
A	R	T	I	H	O	K	E	P	S	P	E	D	T
G	G	R	A	S	K	E	R	Í	K	E	G	N	Ó
S	Ú	G	I	L	H	A	K	N	A	R	G	Æ	M
A	Í	R	Þ	P	D	Q	S	A	L	G	A	P	A
L	R	N	K	X	P	X	Þ	T	O	I	L	A	T
A	E	C	N	U	J	E	L	K	T	L	D	V	H
T	L	N	Ó	L	Í	F	V	D	T	K	I	Y	B
U	L	I	G	T	D	S	Đ	S	L	Á	N	N	O
F	E	H	H	I	R	U	K	U	A	L	Y	W	B
M	S	E	Q	B	F	J	U	Đ	U	K	J	R	R
G	U	L	R	Ó	T	E	Q	I	K	Q	Y	S	P
V	Z	Þ	B	Đ	W	A	R	W	U	U	E	E	T
H	E	Đ	J	D	N	B	R	F	R	J	W	L	L

ARTIHOKE
EGGALDIN
SPERGILKÁL
PEA
ENGIFER
GÚRKU
ÓLÍF
SVEPPIR
GRASKER
NÆPA
RÆÐJA
SALAT
SELLERÍ
SKALOTTLAUKUR
SPÍNAT
TÓMAT
LAUKUR
GULRÓT

26 - Archeologie

K	G	H	F	Z	U	E	C	B	R	P	C	Q	H
A	R	M	C	C	R	O	S	S	E	F	Ó	R	P
F	E	I	Ó	Þ	E	K	K	T	L	I	F	C	M
K	I	N	L	C	X	A	V	Đ	P	X	N	N	S
O	N	N	I	P	H	Đ	Q	G	M	U	M	Í	T
M	I	I	Đ	G	N	I	N	N	E	M	Đ	I	S
A	N	F	O	R	N	Ö	L	D	T	X	C	W	P
N	G	R	A	N	N	S	Ó	K	N	I	R	X	H
D	H	G	R	Ö	F	L	R	Á	Đ	G	Á	T	A
I	L	M	S	C	P	U	I	W	A	Q	D	O	K
Đ	U	K	A	C	V	U	S	F	J	C	G	R	L
L	T	Q	W	T	M	Y	E	L	G	Y	T	B	N
I	I	N	I	Đ	U	R	S	T	Ö	Đ	U	R	I
S	É	R	F	R	Æ	Đ	I	N	G	U	R	S	T

GREINING
SIÐMENNING
NIÐURSTÖÐUR
BEIN
SÉRFRÆÐINGUR
MAT
BROT
GRÖF
RÁÐGÁTA
AFKOMANDI
HLUTI
ÓÞEKKT
RANNSÓKNIR
FORNÖLD
PRÓFESSOR
MINNI
LIÐ
TEMPLE
TÍMUM
GLEYMT

27 - Dans

R	O	Þ	K	D	Æ	Y	E	G	Z	K	T	H	C
S	A	M	T	Ö	K	F	I	N	F	L	A	E	Y
W	P	N	T	I	Ð	G	I	I	A	A	K	F	X
F	P	R	H	M	Y	H	H	N	R	S	T	Ð	Z
E	O	O	T	A	R	Ð	Á	N	G	S	U	B	T
G	H	F	R	K	Q	M	S	E	Ó	Í	R	U	I
A	L	F	É	Í	Q	F	K	M	E	S	A	N	L
B	S	A	G	L	P	F	Ó	Þ	R	K	G	D	F
O	I	N	Ð	Z	A	S	L	K	Ó	A	N	I	I
L	P	T	Z	U	Z	G	I	L	K	W	I	N	N
Þ	P	C	F	X	R	H	I	I	E	Ð	N	S	N
J	R	N	Æ	R	N	Ó	J	S	S	B	N	Q	I
I	L	T	S	I	L	N	Ó	T	D	B	E	V	N
S	V	I	P	M	I	K	I	L	L	N	M	V	G

HÁSKÓLI
SAMTÖK
GLAÐUR
KÓREÓGRAF
MENNINGAR
MENNING
TILFINNING
SVIPMIKILL
NÁÐ
KLASSÍSKA
LIST
LÍKAMI
TÓNLIST
FÉLAGI
ÆFING
TAKTUR
HOPPA
HEFÐBUNDIN
SJÓNRÆN

28 - Mythologie

Ó	D	A	U	Đ	L	E	I	K	A	E	X	S	Þ
Ö	F	U	N	D	L	M	S	K	J	L	S	K	J
T	Ö	F	R	A	N	D	I	I	T	D	K	R	Ó
H	Ö	R	M	U	N	G	I	K	E	I	E	Í	Đ
J	H	F	V	W	Q	X	C	M	H	N	P	M	S
D	Đ	Þ	M	Đ	V	D	G	Y	D	G	N	S	A
H	A	H	I	M	N	A	R	Í	K	I	A	L	G
M	E	U	Z	N	U	P	Ö	K	S	P	A	I	A
R	E	F	Đ	Q	Đ	A	Đ	P	F	C	X	H	Þ
J	X	N	N	L	G	C	H	Þ	R	G	T	X	R
M	U	Z	N	D	E	P	Y	T	E	K	R	A	U
T	O	Z	E	I	H	G	F	O	I	O	C	P	M
I	M	O	N	S	N	S	T	Y	R	K	U	R	U
M	Þ	Đ	J	W	I	G	Z	V	C	L	X	A	R

ARKETYPE
ELDING
SKÖPUN
MENNING
ÞRUMUR
HEGĐUN
HETJA
HIMNARÍKI
ÖFUND
STYRKUR
ÞJÓĐSAGA
TÖFRANDI
SKRÍMSLI
ÓDAUĐLEIKA
HÖRMUNG
DAUĐLEG
SKEPNA
HEFND

29 - Eten #1

H	V	Í	T	L	A	U	K	U	R	U	K	Y	S
S	G	C	A	B	A	P	Ú	S	A	F	A	K	Ð
A	B	J	N	P	R	P	Þ	Q	T	A	L	A	S
L	G	F	Í	D	E	M	R	B	Ö	M	Q	N	Y
T	V	G	P	J	P	T	O	Í	J	T	V	I	T
N	M	A	S	H	D	U	M	Þ	K	N	Q	L	Ú
G	S	U	M	B	E	F	V	W	Þ	Ó	D	J	N
M	U	Í	X	Z	W	D	I	L	J	D	S	K	F
J	B	L	T	B	Y	G	G	I	Þ	P	Þ	A	I
Ó	K	M	R	R	E	B	R	A	Ð	R	A	J	S
L	W	Ð	Ð	Ó	Ó	H	N	E	T	U	A	N	K
K	W	A	D	N	T	N	L	A	U	K	U	R	U
B	A	S	I	L	V	N	U	J	E	G	Ð	D	R
M	Z	T	N	D	X	M	W	M	Q	Y	M	C	C

JARÐARBER
APRÍKÓSA
BASIL
SÍTRÓNU
BYGG
KANIL
HVÍTLAUKUR
MJÓLK
PERA
HNETU

SALAT
SAFA
SÚPA
SPÍNAT
SYKUR
TÚNFISKUR
LAUKUR
KJÖT
GULRÓT
SALT

30 - Avontuur

G	K	M	N	Ó	R	K	V	Þ	V	D	Y	D	H
U	L	Z	R	Ý	V	U	B	B	W	Q	E	K	Æ
N	U	E	U	Q	T	E	I	D	N	A	V	L	T
D	Z	Á	Ð	O	E	T	N	B	T	F	V	Í	T
I	N	S	A	I	L	O	K	J	F	T	C	K	U
R	Á	K	T	V	D	F	R	U	U	W	L	U	L
B	T	O	S	I	M	Q	I	E	C	L	A	R	E
Ú	T	R	A	N	Ó	N	V	H	X	T	E	B	G
N	Ú	A	G	I	Ð	P	G	U	U	S	Ð	G	T
I	R	N	N	R	U	N	Á	Ó	V	A	R	T	T
N	A	I	A	Ö	R	Y	G	G	I	Ð	U	W	X
G	N	R	F	X	C	I	K	K	E	R	G	U	H
U	B	K	Á	K	A	Y	Q	S	Z	E	E	W	E
R	A	G	N	I	L	G	I	S	Ð	F	F	Þ	B

VIRKNI
ÁFANGASTAÐUR
ELDMÓÐ
HÆTTULEGT
LÍKUR
HUGREKKI
VANDI
NÁTTÚRAN
SIGLINGAR
NÝTT
ÓVENJULEGT
FERÐAST
FEGURÐ
ÁSKORANIR
ÖRYGGI
Á ÓVART
UNDIRBÚNINGUR
GLEÐI
VINIR

31 - Circus

Þ	J	H	Á	T	A	B	O	R	C	A	V	T	S
K	O	X	H	Ö	Q	L	O	D	R	N	O	Ó	K
A	L	T	O	F	H	Y	Z	T	E	X	Y	N	E
C	J	B	R	R	U	R	Ð	Ö	L	B	W	L	M
F	Ó	Z	F	A	W	U	T	N	G	K	U	I	M
Y	N	I	A	M	P	Ð	Y	Ð	Ú	B	E	S	T
T	H	M	N	A	H	Ú	E	Y	J	J	F	T	A
T	J	M	D	Ð	P	R	B	V	T	Þ	I	Í	T
Z	N	A	I	U	P	T	B	R	A	G	Ð	Y	L
C	G	N	L	R	C	S	S	E	Ý	M	I	P	A
K	X	F	Þ	D	H	N	C	G	S	D	M	T	V
B	Ú	N	I	N	G	U	R	I	H	I	N	Y	X
G	A	L	D	U	R	J	M	T	F	R	N	U	O
J	Z	S	K	R	Ú	Ð	G	A	N	G	A	T	W

API
ACROBAT
BLÖÐRUR
TRÚÐUR
DÝR
TÖFRAMAÐUR
JÚGLER
MIÐI
BÚNINGUR
LJÓN
GALDUR
TÓNLIST
FÍL
SKRÚÐGANGA
NAMMI
TJALD
TIGER
ÁHORFANDI
BRAGÐ
SKEMMTA

32 - Restaurant #2

D	O	D	K	Q	E	U	Á	X	M	O	K	G	Þ
B	J	D	P	F	R	G	G	V	W	F	A	Ð	J
D	R	Y	K	K	U	R	G	Q	Ö	J	K	Þ	Ó
G	U	R	X	E	G	J	H	W	Z	X	A	Q	N
R	T	K	T	J	N	Y	V	H	U	L	T	R	N
Æ	A	P	Ú	S	E	S	O	A	U	Z	A	U	C
N	M	D	G	N	F	K	M	T	T	R	L	L	R
M	D	E	A	R	F	E	Y	Q	L	N	A	Ð	S
E	L	Ó	T	S	Ú	I	Q	M	A	R	S	Ú	Þ
T	Ö	G	G	R	J	Ð	G	Þ	S	Z	U	N	W
I	V	N	Y	W	L	G	A	F	F	A	L	Í	S
E	K	F	I	S	K	U	R	Y	N	X	Q	W	B
H	Á	D	E	G	I	S	V	E	R	Ð	U	R	X
E	R	M	U	J	C	R	X	H	Z	Þ	A	T	E

KAKA
KVÖLDMATUR
DRYKKUR
EGG
ÁVÖXTUR
GRÆNMETI
LJÚFFENGUR
ÍS
SKEIÐ
HÁDEGISVERÐUR
NÚÐLUR
ÞJÓNN
SALAT
SÚPA
KRYDD
STÓL
FISKUR
GAFFAL
VATN
SALT

33 - De Media

I	S	T	A	Ð	R	E	Y	N	D	I	R	N	Þ
Ð	T	Í	M	A	R	I	T	I	Y	S	C	E	Z
N	Æ	R	F	A	T	S	W	S	U	V	P	T	Q
A	S	V	M	S	A	M	S	K	I	P	T	I	F
Ð	Y	I	R	E	B	N	I	P	O	K	E	F	P
U	F	J	N	U	N	G	Ö	M	R	Á	J	F	R
R	Á	L	I	T	G	N	I	S	Ý	L	G	U	A
Á	N	E	T	I	N	U	T	Þ	S	M	W	K	V
Ú	T	V	A	R	P	V	R	U	Q	Q	B	J	N
S	T	A	Ð	B	Æ	R	U	X	N	B	B	G	Ó
E	I	N	S	T	A	K	L	I	N	G	U	R	J
Ú	T	G	Á	F	A	D	A	G	B	L	Ö	Ð	S
A	U	G	L	Ý	S	I	N	G	A	R	O	Q	T
V	I	T	S	M	U	N	A	L	E	G	U	M	R

AUGLÝSINGAR
AUGLÝSING
SAMSKIPTI
STAFRÆN
ÚTGÁFA
STAÐREYNDIR
FJÁRMÖGNUN
EINSTAKLINGUR
IÐNAÐUR
VITSMUNALEGUM
DAGBLÖÐ
STAÐBÆR
ÁLIT
NET
MENNTUN
Á NETINU
OPINBER
ÚTVARP
SJÓNVARP
TÍMARIT

34 - Bijen

Á	I	N	T	Y	E	R	B	L	Ö	J	F	B	N
P	V	Đ	O	F	Đ	U	Ú	Ó	Z	S	N	H	L
K	D	Ö	V	A	X	T	S	S	Đ	W	J	D	T
B	R	V	X	R	E	A	V	D	T	K	W	Þ	S
G	O	Æ	G	T	R	M	Æ	U	L	F	Þ	F	Z
B	T	N	H	N	U	A	Đ	I	Z	S	G	R	Z
B	T	G	Q	V	Đ	R	I	H	Z	U	C	Æ	I
M	N	I	K	M	R	T	Ý	Y	U	H	N	V	G
R	I	A	Z	Y	A	S	E	D	I	N	N	U	E
E	N	P	H	X	G	M	U	Þ	R	O	A	N	L
Y	G	N	R	O	K	Ó	J	R	F	O	N	N	N
K	S	L	R	M	Ó	L	B	M	J	A	K	L	G
U	K	V	I	K	E	B	P	Đ	R	Z	K	S	A
R	V	I	S	T	K	E	R	F	I	U	S	T	G

FRÆVUN
BLÓM
BLÓMSTRA
FJÖLBREYTNI
VISTKERFI
ÁVÖXTUR
BÚSVÆÐI
HUNANG
SKORDÝR
DROTTNING
REYKUR
FRJÓKORN
GARÐUR
VÆNGI
MATUR
GAGNLEG
VAX
SÓL
KVIK

35 - Wandelen

S	B	G	S	Þ	M	I	O	G	A	R	Ð	U	R
R	Ó	J	T	T	R	N	W	T	N	U	H	S	F
U	V	L	E	D	A	E	U	Z	V	Ð	S	T	U
G	E	L	F	Ý	N	Q	Y	W	T	E	E	Í	N
N	Ð	A	N	R	I	U	V	T	G	V	B	G	D
I	U	J	U	G	E	A	N	H	T	G	J	V	I
N	R	F	M	Ú	T	J	Æ	Ð	A	U	N	É	N
Ú	F	N	Ö	W	S	N	S	B	O	G	R	L	U
B	A	Þ	R	Þ	B	L	K	V	J	Q	L	J	M
R	R	R	K	N	T	T	Q	A	J	A	P	L	C
I	M	B	U	V	U	L	L	T	R	T	R	O	K
D	T	G	N	U	Þ	B	U	N	Þ	I	V	G	D
N	Á	T	T	Ú	R	A	N	V	I	L	L	T	D
U	M	O	S	K	Í	T	Ó	F	L	U	G	U	R

FJALL
DÝR
KORT
ÚTJÆÐA
BJARG
VEÐURFAR
STÍGVÉL
ÞREYTTUR
MOSKÍTÓFLUGUR
NÁTTÚRAN
STEFNUMÖRKUN
GARÐUR
STEINAR
FUNDINUM
UNDIRBÚNINGUR
VATN
VEÐUR
VILLT
SÓL
ÞUNGT

36 - Landen #1

B	G	D	N	A	L	L	Ó	P	O	T	N	T	L
P	R	N	K	A	M	B	Ó	D	Í	A	Í	Y	E
A	U	A	Í	L	A	T	Í	G	B	Þ	K	M	T
N	G	L	S	V	W	B	H	S	J	K	A	A	T
A	E	A	Đ	I	B	E	L	G	Í	A	R	R	L
M	R	K	K	T	L	Đ	C	U	B	R	A	O	A
A	O	S	A	Ý	B	Í	L	O	A	Í	G	K	N
Đ	N	Ý	N	L	F	N	A	G	K	Z	V	K	D
Í	S	Þ	A	U	R	U	G	W	G	P	A	Ó	X
S	P	R	D	E	G	Y	P	T	A	L	A	N	D
R	Á	U	A	L	A	G	E	N	E	S	P	A	Đ
A	N	M	K	I	R	Ú	M	E	N	Í	A	M	T
E	N	P	H	H	Þ	X	D	U	Q	U	W	Đ	G
L	F	G	D	C	V	F	Þ	M	X	K	C	L	F

BELGÍA
BRASILÍA
KAMBÓDÍA
KANADA
CHILE
ÞÝSKALAND
EGYPTALAND
ÍRAK
ÍSRAEL
ÍTALÍA
LETTLAND
LÍBÝA
MAROKKÓ
NÍKARAGVA
NOREGUR
PANAMA
PÓLLAND
RÚMENÍA
SENEGAL
SPÁNN

37 - Installaties

T	R	É	M	Ð	B	L	B	M	X	T	B	B	R
R	U	A	G	O	F	F	D	B	W	O	L	A	D
U	Ð	T	Ó	R	S	U	B	M	A	B	Ó	E	Ð
J	Ó	T	T	U	A	S	A	T	R	Q	M	E	D
N	R	Y	K	G	S	S	C	H	O	L	C	V	J
T	G	J	A	Ó	F	U	A	L	L	Þ	Y	O	S
E	T	T	U	K	X	T	B	F	F	K	Q	K	A
I	V	Y	F	S	Ð	K	U	I	R	S	A	C	I
H	V	T	Z	R	X	A	S	B	Ð	Æ	W	C	Q
Y	K	B	A	U	N	K	H	T	V	G	Ð	L	U
Á	B	U	R	Ð	U	R	S	M	M	O	R	I	C
P	K	O	E	R	D	T	E	G	B	J	O	A	G
Q	E	N	Q	A	P	M	X	F	G	W	Ð	B	S
Q	G	O	Q	G	A	K	U	P	F	D	B	E	R

BAMBUS
BER
LAUF
BLÓM
TRÉ
BAUN
SKÓGUR
KAKTUS
FLORA
SM

GRAS
IVY
JURT
ÁBURÐUR
MOSS
GRASAFRÆÐI
BUSH
GARÐUR
GRÓÐUR
RÓT

38 - Oceaan

B	T	Þ	U	M	O	K	W	U	U	M	O	G	X
N	Á	K	Ó	R	A	L	L	R	B	A	S	G	U
L	H	T	S	T	O	R	M	U	R	R	T	F	R
K	Y	K	U	P	H	U	Á	K	Đ	G	R	I	O
I	B	B	A	R	K	K	Đ	L	N	L	A	S	S
B	C	H	J	U	H	S	Q	F	L	Y	G	K	K
B	S	P	K	P	V	I	E	F	O	T	N	U	J
A	A	N	Æ	M	A	F	I	R	W	T	U	R	A
R	L	E	R	A	L	N	Þ	L	Þ	A	R	U	L
K	T	J	E	V	U	Ú	M	H	E	G	Ö	M	D
L	N	Q	A	S	R	T	G	R	V	T	Þ	Đ	B
O	H	Ö	F	R	U	N	G	U	R	L	E	F	A
K	H	Á	K	A	R	L	S	B	N	W	L	H	K
S	J	Á	V	A	R	F	Ö	L	L	H	C	O	A

ÁLL
ÞÖRUNGA
BÁTUR
HÖFRUNGUR
RÆKJA
SJÁVARFÖLL
HÁKARL
KÓRALL
KRABBI
MARGLYTTA
KOLKRABBI
OSTRA
RIF
SKJALDBAKA
SVAMPUR
STORMUR
TÚNFISKUR
FISKUR
HVALUR
SALT

39 - Landen #2

V	L	A	P	E	N	K	O	F	F	S	T	M	P
T	N	Í	R	Ú	K	R	A	Í	N	A	O	A	M
D	J	P	B	Ú	S	Ó	M	A	L	Í	A	L	H
Y	E	Ó	B	E	S	O	A	L	U	Y	F	A	I
Z	J	Í	Ð	Y	R	S	D	K	G	H	R	S	Þ
O	K	Þ	Y	W	C	Í	L	T	D	S	A	Í	K
D	Ó	E	O	S	Ð	B	A	A	R	S	K	A	E
N	K	L	Í	B	A	N	O	N	N	Ð	K	S	N
A	Í	S	E	N	Ó	D	N	I	V	D	L	Ý	Í
L	X	G	C	U	W	X	G	F	I	N	A	R	A
R	E	Q	E	J	A	P	A	N	V	C	N	L	G
Í	M	I	K	R	Ö	M	N	A	D	J	D	A	M
U	A	S	M	F	Í	B	S	M	T	N	X	N	Z
N	A	A	Q	Þ	Z	A	D	N	A	G	Ú	D	Y

DANMÖRK
EÞÍÓPÍA
FRAKKLAND
ÍRLAND
INDÓNESÍA
JAPAN
KENÍA
LAOS
LÍBANON
LÍBERÍA
MALASÍA
MEXÍKÓ
NEPAL
NÍGERÍA
ÚGANDA
ÚKRAÍNA
RÚSSLAND
SÓMALÍA
SÝRLAND

40 - Bloemen

Đ	Đ	O	E	K	M	H	T	Ú	L	I	P	A	N
U	G	G	L	N	Ó	I	R	Á	M	S	D	S	Đ
A	A	A	M	Ó	L	B	R	A	N	F	O	L	M
M	Đ	P	V	V	B	I	Đ	N	G	C	O	H	A
Ó	A	C	Z	N	L	S	O	X	H	S	G	P	R
L	L	G	E	V	Ó	C	Đ	R	E	R	W	E	Z
B	B	E	N	S	S	U	Đ	P	C	E	E	O	R
U	U	X	I	O	Y	S	I	A	D	H	H	N	Ó
Đ	N	W	M	Þ	L	Đ	X	H	N	G	I	Y	S
Í	Ó	T	S	Y	L	I	L	R	Ö	Þ	Q	D	L
R	R	O	A	P	I	P	A	E	V	P	Y	M	E
T	K	G	J	P	F	P	L	U	M	E	R	I	A
S	I	A	Z	O	Í	Þ	Í	J	A	V	V	Y	R
Á	I	Q	F	P	F	A	L	T	S	R	D	D	I

KRÓNUBLAÐ
VÖND
TOGA
HIBISCUS
JASMINE
SMÁRI
LOFNARBLÓM
LILY
LÍLA
DAISY
MAGNOLIA
ORCHID
FÍFILL
POPPY
ÁSTRÍÐUBLÓM
PEONY
PLUMERIA
RÓS
TÚLIPAN
SÓLBLÓM

41 - Landschappen

N	B	D	V	J	R	F	N	H	Í	B	Z	M	G
V	Ð	R	N	Y	C	O	Ð	X	S	L	I	I	O
V	R	H	P	C	U	S	D	D	B	K	R	N	Þ
G	L	C	M	Y	N	S	J	X	E	R	O	V	K
L	L	K	H	I	G	A	K	S	R	T	R	W	N
T	U	N	D	R	A	J	Y	E	G	H	Æ	Ð	E
R	K	I	P	Ý	U	F	H	E	L	L	I	K	U
Z	Ö	V	N	M	F	L	J	R	I	V	E	R	D
Ó	J	S	G	K	L	Q	A	A	D	Q	R	Ö	M
Y	Þ	L	L	L	A	J	F	D	L	E	F	M	F
S	T	Ö	Ð	U	V	A	T	N	P	L	A	I	J
J	H	Z	V	V	W	Q	Y	S	D	M	S	Ð	A
Z	A	B	I	V	W	C	J	W	Þ	P	Þ	Y	R
Y	F	C	G	T	G	O	S	H	V	E	R	E	A

FJALL
EYJA
GOSHVER
JÖKULL
HELLI
HÆÐ
ÍSBERG
STÖÐUVATN
MÝRI
VIN

HAF
RIVER
SKAGI
FJARA
TUNDRA
DALUR
ELDFJALL
FOSS
EYÐIMÖRK
SJÓ

42 - Tuin

V	H	V	E	R	Ö	N	D	B	L	B	P	T	U
Í	E	T	J	Ö	R	N	P	S	U	Z	J	R	S
N	N	R	Y	E	S	C	T	R	É	S	G	A	L
V	G	Q	L	J	K	Q	Ö	U	H	V	H	M	Ö
I	I	Q	B	I	G	W	L	Ð	X	F	X	P	N
Ð	R	D	G	P	H	P	F	R	A	Y	K	Ó	G
U	Ú	L	N	T	R	S	S	A	E	B	S	L	U
R	M	T	I	L	Í	N	A	G	M	Ð	S	Í	N
L	V	F	Ð	L	F	S	R	N	O	X	V	N	A
Q	P	U	R	S	A	R	G	I	K	B	L	Ó	M
S	T	E	I	N	A	R	V	D	A	F	I	Þ	U
I	L	L	G	R	E	S	I	L	A	H	U	C	U
G	A	R	Ð	U	R	T	Ð	A	H	M	E	B	B
N	R	Ú	K	S	L	Í	B	E	K	K	U	R	W

BEKKUR
BLÓM
TRÉ
ALDINGARÐUR
BÍLSKÚR
GRASFLÖT
GRAS
HENGIRÚM
HRÍFA
GIRÐING
ILLGRESI
STEINAR
MOKA
SLÖNGUNA
BUSH
VERÖND
TRAMPÓLÍN
GARÐUR
TJÖRN
VÍNVIÐUR

43 - Dagen en Maanden

Þ	O	N	M	Z	L	B	X	S	R	Q	Q	I	M
J	R	S	E	P	T	E	M	B	E	R	E	V	I
F	Á	I	B	W	M	M	T	Đ	B	A	B	I	Đ
X	E	S	Đ	D	C	Þ	Y	Þ	M	Ú	Y	K	V
R	M	B	C	J	E	D	S	V	E	N	F	A	I
H	Á	O	R	I	U	G	C	Þ	V	A	Ö	Y	K
M	N	J	A	Ú	P	D	M	E	Ó	J	S	M	U
Đ	U	G	Ú	M	A	Đ	A	N	N	X	T	A	D
I	Đ	A	G	L	E	R	Þ	G	S	Đ	U	R	A
W	U	I	J	M	Í	N	Ú	J	U	V	D	S	G
G	R	U	G	A	D	U	N	Á	M	R	A	Y	U
O	K	T	Ó	B	E	R	B	T	S	Ú	G	Á	R
F	I	M	M	T	U	D	A	G	U	R	U	A	E
N	D	A	G	A	T	A	L	E	X	A	R	L	T

ÁGÚST
ÞRIÐJUDAGUR
FIMMTUDAGUR
FEBRÚAR
ÁR
JANÚAR
JÚLÍ
JÚNÍ
DAGATAL
MÁNUÐUR
MÁNUDAGUR
MARS
NÓVEMBER
OKTÓBER
SEPTEMBER
FÖSTUDAGUR
VIKA
MIÐVIKUDAGUR

44 - Beeldende Kunsten

M	T	V	Đ	C	S	A	I	O	L	J	M	M	A
Á	Z	I	D	A	J	G	L	Æ	S	L	A	E	R
L	G	K	X	F	Ó	P	L	R	S	H	F	I	K
V	U	G	N	I	N	T	E	S	M	A	S	S	I
E	X	A	U	J	A	Þ	Þ	N	L	O	Q	T	T
R	T	E	R	T	R	O	P	E	N	Z	L	A	E
K	K	Þ	L	M	H	K	R	Í	T	I	E	R	K
X	K	A	K	L	O	K	Z	M	B	T	I	A	T
T	K	I	M	A	R	E	K	M	W	N	R	V	Ú
Y	J	W	B	T	N	B	M	A	H	G	P	E	R
D	N	Y	M	K	I	V	K	O	L	I	B	R	P
H	Ö	G	G	M	Y	N	D	V	A	X	G	K	R
L	I	S	T	A	M	A	Đ	U	R	Þ	S	N	X
S	K	R	Á	N	I	N	G	U	Y	D	X	H	B

ARKITEKTÚR
LISTAMAÐUR
HÖGGMYND
SKRÁNINGU
GLÆSLA
KVIKMYND
KOL
KERAMIK
LEIR
KRÍT
MEISTARAVERK
PENNI
SJÓNARHORNI
PORTRET
SAMSETNINGU
MÁLVERK
LAKK
VAX

45 - Mode

G	L	Æ	S	I	L	E	G	U	R	H	Þ	M	B
F	A	T	N	A	Ð	M	I	Z	Ý	A	Æ	Y	O
F	S	Z	R	Ð	P	P	M	Y	D	G	G	N	U
L	Æ	G	S	T	U	R	Æ	T	W	N	I	S	T
E	I	N	F	A	L	T	V	T	E	Ý	L	T	I
E	X	J	Z	M	P	H	K	G	P	T	E	U	Q
Ú	F	A	K	Í	J	P	G	E	X	G	G	R	U
K	T	N	A	T	Y	X	A	L	V	X	T	Æ	E
U	A	S	I	Ú	U	G	H	N	G	P	D	V	R
K	D	P	A	N	P	W	H	I	H	J	Þ	G	S
A	O	I	F	U	O	Z	S	G	S	Z	N	Ó	T
T	H	G	N	H	M	A	M	I	E	R	J	H	Í
S	T	E	F	N	A	U	Ð	R	E	F	Á	Ð	L
X	R	Ð	G	M	O	K	R	O	B	Q	A	J	U

HÓGVÆR
HAGKVÆM
ÚTSAUMUR
ÞÆGILEGT
DÝR
EINFALT
GLÆSILEGUR
REIMA
FATNAÐ
HNAPPA
LÆGSTUR
NÚTÍMA
ORIGINLEGT
MYNSTUR
HAGNÝT
STÍL
EFNI
ÁFERÐ
STEFNA
BOUTIQUE

46 - Tuinieren

V	A	L	D	I	N	G	A	R	Ð	U	R	J	H
A	I	D	N	A	M	A	R	F	Ð	Ð	A	I	W
T	J	F	U	F	T	Z	U	A	T	V	F	Þ	X
N	A	U	G	B	R	C	T	I	K	A	R	F	L
L	R	Ð	E	Ð	O	Æ	Æ	D	P	M	U	A	A
W	Ð	X	T	H	Q	T	W	N	O	Ó	Ð	A	U
V	V	Ð	K	M	L	K	A	I	H	L	E	N	F
Ö	E	V	Þ	B	U	M	R	N	N	B	V	U	Í
N	G	H	T	N	Q	F	T	I	I	A	Þ	G	L
D	U	M	G	H	X	M	S	E	P	C	O	N	Á
F	R	O	Q	U	Þ	N	M	R	O	Q	A	Ö	T
S	D	L	X	N	V	C	Ó	H	Q	C	W	L	F
C	E	T	X	C	K	V	L	Ó	K	X	I	S	G
H	Ð	A	G	P	M	L	B	Z	S	S	S	Q	M

LAUF
BLÓMA
BLÓMSTRA
JARÐVEGUR
VÖND
ALDINGARÐUR
BOTANICAL
MOLTA
ÍLÁT
ÆTUR
FRAMANDI
SM
VEÐURFAR
OPIN
SLÖNGUNA
TEGUND
RAKI
ÓHREININDI
VATN
FRÆ

47 - Menselijk Lichaam

Ö	X	L	E	F	Y	M	H	B	Đ	H	M	H	F
H	S	R	Y	F	Ó	T	U	R	Y	J	U	Ö	I
K	E	S	R	Z	H	Z	T	N	E	F	N	N	N
Þ	K	I	A	T	R	A	J	H	A	E	N	D	G
B	A	N	L	D	U	N	T	K	P	F	U	B	U
U	X	Q	S	I	Z	D	M	F	D	Q	R	H	R
Ö	K	K	L	A	K	J	Á	L	K	A	Đ	Y	U
H	P	Ö	Á	L	U	Y	R	Z	A	F	W	Y	Þ
Ö	Đ	Ú	H	Q	A	T	O	L	N	B	O	G	A
F	Ó	W	N	M	A	G	I	K	T	M	H	W	G
U	L	S	Đ	Y	V	Z	Y	G	A	J	Q	I	N
Đ	B	N	F	S	Q	Z	G	R	N	H	V	O	U
J	N	H	N	É	R	K	N	Þ	A	B	J	Q	T
T	F	T	J	V	Y	R	H	B	E	Þ	P	F	Þ

FÓTUR
BLÓÐ
OLNBOGA
ÖKKLA
HÖND
HJARTA
HEILI
HÖFUÐ
HÚÐ
KJÁLKA

HÖKU
HNÉ
MAGI
MUNNUR
HÁLS
NEF
EYRA
ÖXL
TUNGA
FINGUR

48 - Energie

R	T	M	E	N	G	U	N	I	L	V	E	M	T
A	Ð	I	E	R	Ó	Þ	K	H	N	N	N	Ó	K
F	T	G	Ð	Y	H	H	L	E	S	Í	D	T	J
H	Ú	U	G	K	S	U	M	Z	N	S	U	O	A
L	R	F	I	Ð	N	A	Ð	U	R	N	R	R	R
A	B	U	N	Ð	G	Y	T	Z	O	E	N	P	N
Ð	Í	P	F	V	A	Y	E	I	C	B	Ý	I	O
A	N	R	E	Ð	M	G	Y	R	H	E	J	F	R
R	A	W	L	D	F	D	N	I	E	F	A	R	K
N	N	A	O	U	A	F	I	U	Þ	Ð	N	E	U
R	D	W	K	W	R	T	N	P	W	W	L	V	T
E	L	D	S	N	E	Y	T	I	J	Ð	E	H	X
V	I	N	D	U	R	E	E	T	K	O	G	M	G
I	V	I	X	E	J	I	V	P	W	O	V	U	Z

RAFHLAÐA
BENSÍN
ELDSNEYTI
DÍSEL
RAFMAGNS
RAFEIND
ÓREIÐA
ENDURNÝJANLEG
IÐNAÐUR
KOLEFNI
MÓTOR
KJARNORKU
UMHVERFI
GUFU
TÚRBÍNA
MENGUN
HITA
VETNI
VINDUR

49 - Familie

B	F	S	Y	S	T	I	R	Þ	K	S	N	M	B
P	Ö	A	M	Þ	E	T	J	D	S	N	Q	Ó	A
J	X	R	I	Ð	Ó	R	B	F	O	E	Y	Ð	R
C	I	I	N	F	O	R	F	A	Ð	I	R	I	N
Ð	K	T	O	P	R	R	A	O	A	Þ	I	R	A
Ð	B	T	F	X	S	I	K	A	L	W	Ð	U	B
A	I	Ó	E	I	G	I	N	K	O	N	A	Ð	A
A	O	D	N	B	J	V	Æ	S	A	P	F	A	R
T	V	Í	B	U	R	A	R	Æ	M	Y	Z	M	N
L	J	K	B	R	X	I	F	N	M	T	V	N	Q
Y	A	F	L	A	Q	S	N	R	A	G	N	I	P
L	I	B	B	K	R	X	V	A	G	Y	Ð	G	R
F	R	Æ	N	D	I	N	E	B	A	F	I	I	G
P	M	L	X	B	L	N	P	O	O	Ð	V	E	U

BRÓÐIR
DÓTTIR
AMMA
BARNÆSKA
BARN
BÖRN
BARNABARN
EIGINMAÐUR
MÓÐIR
FRÆNDI
AFI
FRÆNKA
TVÍBURAR
FAÐIR
INGAR
FORFAÐIR
EIGINKONA
SYSTIR

50 - Gebouwen

K	O	S	Ð	S	Ú	H	K	I	E	L	H	I	R
A	S	V	W	E	E	P	V	B	U	D	W	W	X
S	S	Ú	H	A	D	N	Y	M	K	I	V	K	S
T	H	Ó	T	E	L	P	D	Ð	R	F	X	Q	H
A	R	Æ	B	N	R	N	N	I	L	L	Ö	V	X
L	Ú	O	Y	R	O	T	A	V	R	E	S	B	O
I	K	B	I	U	L	S	Ð	B	O	Á	U	T	E
K	S	L	Ð	T	E	K	S	A	F	N	Ð	J	W
E	L	C	E	I	L	Ó	K	S	Á	H	Ö	A	U
K	Í	A	J	F	G	L	Q	P	E	Y	L	L	M
Í	B	Ú	Ð	F	A	I	Y	W	Þ	X	H	D	D
V	E	R	K	S	M	I	Ð	J	U	S	U	Z	F
M	A	T	V	Ö	R	U	B	Ú	Ð	J	N	Ð	N
Þ	V	S	J	Ú	K	R	A	H	Ú	S	O	K	O

SENDIRÁÐ
ÍBÚÐ
KVIKMYNDAHÚS
BÆR
KLEFA
VERKSMIÐJU
BÍLSKÚR
HÓTEL
KASTALI
SAFN
OBSERVATORY
SKÓLI
HLÖÐU
VÖLLINN
MATVÖRUBÚÐ
TJALD
LEIKHÚS
TURN
HÁSKÓLI
SJÚKRAHÚS

51 - Kunst

S	Y	A	V	E	O	C	B	S	L	W	S	K	I
K	A	H	K	F	Ð	Ð	L	W	E	J	E	X	N
E	T	M	G	N	Y	S	K	A	P	G	Ó	P	N
R	G	O	S	I	M	Y	N	D	A	K	Ð	Ð	B
A	E	T	G	E	L	U	N	Ó	S	R	E	P	L
M	L	P	G	Y	T	Q	N	W	Ý	E	H	S	Á
I	N	R	L	Y	Q	N	Ð	U	L	V	Ö	J	S
K	I	W	G	Y	S	K	I	M	C	L	G	Ó	T
X	G	Y	D	O	F	Á	K	N	U	Á	G	N	U
E	I	N	F	A	L	T	Ó	Y	G	M	M	R	R
D	R	I	J	P	U	M	L	O	K	P	Y	Æ	I
Q	O	B	D	Q	Þ	O	F	C	W	L	N	N	L
S	Ú	R	R	E	A	L	I	S	M	I	D	L	A
H	E	I	Ð	A	R	L	E	G	U	R	P	Q	D

HÖGGMYND
FLÓKIÐ
EINFALT
HEIÐARLEGUR
MYND
INNBLÁSTUR
SKAP
KERAMIK
EFNI
ORIGINLEGT
PERSÓNULEGT
LJÓÐ
LÝSA
SAMSETNING
MÁLVERK
SÚRREALISMI
TÁKN
SEGÐ
SJÓNRÆN

52 - Beroepen #1

S	E	L	H	L	E	Z	K	S	W	Q	P	V	L
K	D	K	R	Æ	D	A	L	E	S	Q	Í	E	I
A	Ý	X	U	K	N	Y	Æ	N	Á	P	A	I	S
R	R	K	Ð	N	I	S	Ð	D	L	W	N	Ð	T
T	A	H	A	I	R	Ð	S	I	F	Z	Ó	I	A
G	L	D	M	R	Ó	F	K	H	R	T	L	M	M
R	Æ	V	A	B	J	R	E	E	Æ	L	E	A	A
I	K	É	T	N	T	U	R	R	Ð	B	I	Ð	Ð
P	N	L	T	B	S	Ð	I	R	I	A	K	U	U
I	I	V	Ó	G	A	A	B	A	N	K	A	R	R
R	R	I	R	H	K	M	R	J	G	A	R	J	K
G	W	R	Þ	O	N	G	C	I	U	R	I	N	J
I	I	K	Í	L	A	Ö	E	O	R	I	B	T	R
G	B	I	A	K	B	L	F	D	C	T	L	F	A

LÖGMAÐUR
SENDIHERRA
LISTAMAÐUR
ÍÞRÓTTAMAÐUR
BAKARI
BANKASTJÓRI
DANSARI
DÝRALÆKNIR
LÆKNIR
VEIÐIMAÐUR
SKARTGRIPIR
KLÆÐSKERI
VÉLVIRKI
PÍANÓLEIKARI
SÁLFRÆÐINGUR

53 - Antarctica

V	Y	K	Þ	I	F	V	R	J	L	C	L	H	A
T	G	E	Y	J	A	R	E	A	Ö	Ý	H	I	J
G	I	Ó	L	F	Q	N	T	R	I	K	B	Y	F
E	T	L	M	J	H	Í	E	I	N	S	L	X	I
L	S	U	T	W	R	S	G	N	N	D	R	A	F
D	A	O	U	W	N	S	U	K	U	L	U	I	R
N	T	N	L	F	T	K	N	Ó	F	A	G	N	E
I	I	T	D	X	G	A	D	S	L	N	N	F	V
S	H	A	Ð	A	W	G	H	N	Á	D	A	E	H
Í	J	V	D	Ð	F	I	C	N	U	S	Ð	N	M
V	O	Y	K	C	O	R	N	A	Z	L	I	I	U
S	G	Y	E	A	S	J	Æ	R	Q	A	E	E	E
M	Ö	R	G	Æ	S	I	R	Ð	T	G	L	T	I
C	G	O	Þ	B	M	N	C	H	I	I	I	S	U

FLÓI
VERNDUN
ÁLFUNNI
EYJAR
LEIÐANGUR
LANDAFRÆÐI
JÖKLAR
ÍS
STEINEFNI
UMHVERFI
RANNSÓKNIR
MÖRGÆSIR
ROCKY
SKAGI
TEGUND
HITASTIG
LANDSLAG
VATN
VÍSINDLEGT
SKÝ

54 - Ballet

K	E	G	M	G	T	L	S	R	L	J	T	K	T
I	B	H	N	K	S	I	Ó	Ð	Ó	U	Æ	Ó	I
T	R	G	X	Z	B	S	L	K	F	L	K	R	G
I	A	V	Ð	Ö	V	T	Ó	M	A	L	N	E	N
E	R	K	T	Þ	R	R	H	Æ	K	I	I	Ó	A
V	A	Y	T	M	G	Æ	Æ	F	L	K	H	G	R
S	S	J	V	U	U	N	F	I	A	I	D	R	L
M	N	X	A	Y	R	N	N	N	P	M	L	A	E
Ó	A	K	B	Ð	U	H	I	G	P	P	Á	F	G
J	D	P	S	T	Y	R	K	L	E	I	K	I	T
L	N	W	S	G	S	T	Í	L	A	V	S	A	V
H	T	Ó	N	L	I	S	T	F	F	S	N	S	S
L	Á	T	B	R	A	G	Ð	V	K	U	Ó	B	N
Á	H	O	R	F	E	N	D	U	R	O	T	Ð	Z

LÓFAKLAPP
LISTRÆNN
KÓREÓGRAF
TÓNSKÁLD
DANSARAR
SVIPMIKILL
LÁTBRAGÐ
STYRKLEIKI
TÓNLIST
HLJÓMSVEIT

ÁHORFENDUR
ÆFING
TAKTUR
TIGNARLEGT
SÓLÓ
VÖÐVA
STÍL
TÆKNI
HÆFNI

55 - Fruit

V	E	H	O	Þ	P	X	X	P	P	B	O	M	F
V	Í	A	Þ	I	L	C	K	M	A	A	Þ	A	E
C	V	N	J	L	Ó	W	Y	E	P	N	N	N	R
T	Í	J	B	P	M	S	D	L	A	A	H	G	S
Þ	K	O	M	E	A	K	A	Ó	Y	N	A	Ó	K
A	S	Ó	K	Í	R	P	A	N	A	I	V	A	J
S	Í	T	R	Ó	N	U	N	A	A	N	Ó	N	A
W	A	R	E	B	U	S	R	I	K	N	K	A	C
W	O	D	B	R	P	E	R	A	Ð	P	A	N	Þ
T	K	Ó	K	O	S	H	N	E	T	A	D	A	H
N	E	C	T	A	R	I	N	E	Y	I	Ó	S	K
K	E	E	H	H	I	N	D	B	E	R	J	U	M
Y	X	V	X	W	M	V	I	D	G	L	X	V	Y
Q	A	P	P	E	L	S	Í	N	A	O	Y	Z	Ð

APRÍKÓSA
ANANAS
EPLI
AVÓKADÓ
BANANI
BER
SÍTRÓNU
VÍNBER
HINDBERJUM
KIRSUBER
KÍVÍ
KÓKOSHNETA
MANGÓ
MELÓNA
NECTARINE
APPELSÍNA
PAPAYA
PERA
FERSKJA
PLÓMA

56 - Engineering

F	D	Ý	P	T	E	M	Ó	T	O	R	J	Q	B
S	L	É	V	H	O	R	N	S	Þ	I	Ð	Z	Y
T	E	J	Á	K	Þ	L	Á	M	R	E	V	Þ	G
Ö	S	G	Ó	S	N	A	D	Í	U	S	V	Ð	G
Ð	Í	Y	A	T	M	Ý	M	Ð	G	Q	N	A	I
U	D	X	S	J	A	G	J	I	N	P	T	L	N
G	K	L	T	Þ	K	N	L	A	I	N	H	O	G
L	U	Y	W	X	R	I	D	B	N	Ú	Þ	F	N
E	U	A	A	L	O	L	V	I	Ú	N	I	N	I
I	Ð	L	V	J	A	Æ	A	O	N	I	S	Þ	F
K	F	V	X	Þ	X	M	T	E	S	N	G	W	Y
I	R	T	S	T	Y	R	K	U	R	G	F	Z	E
Ú	T	R	E	I	K	N	I	N	G	M	L	U	R
S	K	Ý	R	I	N	G	A	R	M	Y	N	D	H

ÁS
ÚTREIKNING
HREYFING
SMÍÐI
SKÝRINGARMYND
ÞVERMÁL
DÝPT
DÍSEL
ORKA
HORN
STYRKUR
VÉL
MÆLING
MÓTOR
SNÚNINGUR
STÖÐUGLEIKI
BYGGING
FLJÓTANDI
KNÝJA
NÚNING

57 - Literatuur

Æ	L	Á	L	I	T	A	K	X	R	J	V	Y	G
H	V	J	R	X	I	A	K	G	I	Í	R	J	R
A	K	I	Ó	H	Y	U	M	N	J	Þ	M	G	E
R	X	Þ	S	Ð	Ó	J	L	I	S	R	I	S	I
M	Þ	O	Þ	A	R	U	T	K	A	T	Q	O	N
L	G	N	R	W	G	Æ	Ð	Í	S	F	Y	A	I
E	Ð	R	W	B	B	A	N	L	Ð	F	M	E	N
I	G	R	U	P	A	K	S	D	L	Á	K	S	G
K	I	Q	A	S	Þ	Ð	K	N	Þ	W	G	Y	K
U	Ð	Æ	R	M	U	Ð	G	Y	T	J	G	I	I
R	U	Ð	R	U	B	N	A	M	A	S	S	A	K
N	I	Ð	U	R	S	T	A	Ð	A	M	E	Þ	P
S	T	Í	L	L	Í	K	I	N	G	A	R	F	H
H	Ö	F	U	N	D	U	R	A	B	B	P	A	O

LÍKINGAR
GREINING
E.
HÖFUNDUR
ÆVISAGA
NIÐURSTAÐA
UMRÆÐU
SKÁLDSKAPUR
LJÓÐ

ÁLIT
MYNDLÍKING
LJÓÐRÆN
RÍM
TAKTUR
STÍL
ÞEMA
HARMLEIKUR
SAMANBURÐUR

58 - Boeken

N	L	M	H	Ö	R	M	U	L	E	G	A	D	G
Æ	V	I	N	T	Ý	R	I	Þ	J	R	Y	C	A
E	P	I	C	R	O	Q	D	D	I	I	I	I	M
T	S	S	S	K	F	T	J	Ð	D	D	H	X	A
V	K	Í	A	B	Ó	K	M	E	N	N	T	A	N
Í	Á	Ð	M	I	F	R	Þ	Y	A	A	G	W	S
E	L	A	H	G	S	Q	L	U	G	S	E	E	A
Ð	D	Þ	E	E	Q	A	W	K	I	E	L	S	M
L	S	S	N	L	M	X	G	Q	E	L	U	K	U
I	A	Ð	G	M	J	V	J	A	Ð	H	G	R	R
G	G	G	I	U	K	Ó	K	Þ	I	C	Ö	I	Ð
S	A	A	Þ	R	B	F	Ð	A	V	O	S	F	U
R	Ö	Ð	S	F	S	U	W	Y	T	Y	Þ	A	L
K	W	F	A	S	A	F	N	M	E	V	M	Ð	U

ÆVINTÝRI
SÍÐA
SAFN
SAMHENGI
TVÍEÐLI
EPIC
LJÓÐ
SKRIFAÐ
SÖGULEGT
GAMANSAMUR
FRUMLEG
LESANDI
BÓKMENNTA
VIÐEIGANDI
SKÁLDSAGA
RÖÐ
HÖRMULEGA
SAGA

59 - Meer Informatie

V	R	U	L	L	U	F	R	A	L	U	D	Ú	R
K	É	K	Þ	N	E	R	C	U	R	A	W	T	E
V	T	F	A	X	Q	Á	U	J	K	X	V	Ó	I
I	Æ	Í	R	T	K	B	A	S	Þ	Æ	R	P	K
K	K	M	E	É	Z	Æ	K	L	Ó	N	B	Í	I
M	N	Y	G	L	T	R	R	U	B	A	Q	A	S
Y	I	N	N	C	D	T	H	Z	Z	K	P	H	T
N	C	D	I	P	B	U	C	R	D	Đ	J	E	J
D	Y	A	K	Y	V	T	R	S	D	U	V	I	A
A	X	Đ	K	V	É	L	M	E	N	N	I	M	R
H	A	V	E	M	E	R	T	X	E	Q	R	U	N
Ú	L	M	L	D	Y	S	T	Ó	P	Í	A	R	A
S	A	T	B	U	R	Đ	A	R	Á	S	I	X	Z
N	G	R	A	U	N	H	Æ	F	T	F	G	Y	G

KVIKMYNDAHÚS
BÆKUR
ELDUR
ÍMYNDAÐ
DYSTÓPÍA
EXTREME
FRÁBÆR
BLEKKING
KLÓN
DULARFULLUR
VÉFRÉTT
REIKISTJARNA
RAUNHÆFT
VÉLMENNI
ATBURÐARÁS
GALAXY
TÆKNI
ÚTÓPÍA
HEIMUR

60 - Regenwoud

E	D	C	B	F	D	V	R	J	W	C	S	I	S
N	Ý	U	G	R	R	H	E	U	S	Þ	J	L	K
D	R	S	E	A	N	U	W	Đ	V	A	P	I	O
U	M	T	Þ	V	Á	Z	M	U	U	F	M	F	R
R	Æ	H	O	H	T	C	V	S	Ý	R	M	U	D
R	T	R	Q	T	T	C	M	S	K	S	F	N	Ý
E	U	D	Y	A	Ú	A	L	O	S	Ó	W	A	R
I	R	B	S	X	R	S	N	M	E	Q	G	X	R
S	F	T	G	G	A	L	É	F	M	A	S	U	A
N	U	X	E	B	N	S	P	E	N	D	Ý	R	R
N	G	G	P	G	N	I	Đ	R	I	V	R	Y	A
S	L	R	Đ	B	U	L	V	L	G	C	X	Z	C
M	A	L	A	C	I	N	A	T	O	B	P	B	B
H	R	Đ	N	K	R	Ý	D	K	S	O	R	F	S

FROSKDÝR
BOTANICAL
SAMFÉLAG
SKORDÝR
FRUMSKÓGUR
VEÐURFAR
MOSS
NÁTTÚRAN
LIFUN
VIRÐING
ENDURREISN
TEGUND
ATHVARF
FUGLAR
DÝRMÆTUR
SKÝ
SPENDÝR

61 - Haartypes

M	L	Đ	P	U	Q	B	N	Þ	H	N	C	S	S
T	R	A	V	S	U	H	Y	Y	U	I	O	K	I
T	W	T	H	R	O	K	K	I	Đ	R	Đ	Ö	L
H	E	I	L	B	R	I	G	Đ	U	R	R	L	F
L	O	L	X	X	Á	U	S	F	O	U	G	L	U
M	J	E	U	Z	R	Đ	N	E	E	K	B	Ó	R
J	W	Ó	N	F	G	R	Þ	N	M	K	R	T	K
Ú	I	V	S	Q	Q	Ö	U	U	U	Y	Ú	T	B
K	F	F	V	H	R	V	S	H	T	Þ	N	U	H
U	I	Q	O	Q	Æ	S	G	B	T	L	T	R	V
R	V	V	O	E	D	R	L	D	É	O	G	L	Í
K	R	U	L	L	A	Á	Đ	F	L	J	N	Q	T
S	T	U	T	T	X	H	Q	U	F	B	A	T	U
G	L	A	N	S	A	N	D	I	R	I	L	E	R

LJÓSHÆRÐUR
BRÚNT
ÞYKKUR
ÞURR
ÞUNNUR
LITAÐ
FLÉTTUM
HEILBRIGÐUR
GLANSANDI
GRÁR
HÁRSVÖRÐ
SKÖLLÓTTUR
STUTT
KRULLA
HROKKIÐ
LANGT
HVÍTUR
MJÚKUR
SILFUR
SVART

62 - Stad

S	A	F	N	B	Ó	K	A	B	Ú	Ð	W	F	M
B	I	U	B	L	Ó	M	A	B	Ú	Ð	H	L	A
L	E	I	K	H	Ú	S	T	U	H	H	J	U	T
S	N	Y	R	T	I	S	T	O	F	A	H	G	V
K	V	I	K	M	Y	N	D	A	H	Ú	S	V	Ö
B	C	R	G	J	Y	H	S	K	S	A	S	Ö	R
G	Ó	B	S	P	I	L	Ó	K	S	Á	H	L	U
K	A	K	A	P	Ð	G	U	T	L	F	O	L	B
A	S	L	A	B	A	N	K	I	E	O	F	U	Ú
P	K	H	L	S	B	M	X	C	U	L	E	R	Ð
Ó	Ó	H	R	E	A	M	A	R	K	A	Ð	U	R
T	L	Y	R	J	R	F	B	A	K	A	R	Í	V
E	I	K	I	V	B	Í	N	N	I	L	L	Ö	V
K	D	Ý	R	A	G	A	R	Ð	U	R	T	B	L

APÓTEK
BAKARÍ
BANKI
BÓKASAFN
KVIKMYNDAHÚS
BLÓMABÚÐ
BÓKABÚÐ
DÝRAGARÐUR
GALLERÍ
HÓTEL

FLUGVÖLLUR
MARKAÐUR
SAFN
SNYRTISTOFA
SKÓLI
VÖLLINN
MATVÖRUBÚÐ
LEIKHÚS
HÁSKÓLI

63 - Creativiteit

F	S	A	N	N	G	I	L	D	I	L	G	X	E
W	R	P	T	B	I	S	V	X	X	I	B	Q	Y
Í	P	U	K	R	O	A	Y	X	K	S	E	O	B
Q	M	K	M	N	G	U	S	Í	V	T	A	V	H
P	Z	Y	M	L	I	K	I	E	L	R	Ý	K	S
L	P	Z	N	G	E	R	F	I	S	Æ	Ð	C	D
J	B	Z	L	D	N	G	J	N	V	N	X	Q	R
M	L	S	M	S	U	L	N	F	H	N	F	Þ	A
Y	U	V	B	E	I	N	I	Æ	S	N	N	I	M
N	H	X	L	G	U	N	A	H	E	L	F	A	A
D	K	O	F	Ð	P	S	G	R	U	E	W	R	T
H	U	G	M	Y	N	D	I	R	A	F	B	Q	Í
S	T	Y	R	K	L	E	I	K	I	F	A	V	S
I	N	N	B	L	Á	S	T	U	R	Y	L	R	K

LISTRÆNN
MYND
DRAMATÍSK
SANNGILDI
ÆSIFREGN
SKÝRLEIKI
HUGMYNDIR
FAR
INNBLÁSTUR
STYRKLEIKI
INNSÆI
FRUMLEG
HVATVÍS
SEGÐ
HÆFNI
ÍMYNDUNARAFL
ORKU

64 - Natuur

B	D	L	P	R	O	S	O	P	G	C	W	Þ	J
O	Ý	K	S	N	V	O	G	M	B	K	G	Þ	Ö
J	K	F	Þ	X	L	A	C	I	P	O	R	T	K
P	R	O	L	L	S	K	Ó	G	U	R	I	F	U
D	Ö	R	Ó	U	Í	O	F	G	J	Ý	V	E	L
V	M	T	J	K	G	F	T	U	F	D	E	G	L
S	I	A	K	O	Þ	U	L	O	M	Ð	R	U	E
E	Ð	L	S	J	Z	A	R	E	U	M	N	R	Q
R	Y	B	L	Þ	M	H	B	E	G	N	B	Ð	P
E	E	Ð	W	T	R	U	K	S	Í	T	K	R	A
N	H	E	L	G	I	D	Ó	M	U	R	K	Ð	R
E	V	K	L	E	T	T	A	R	V	I	V	V	S
F	B	U	U	L	E	V	T	R	H	C	I	Y	M
D	U	M	F	O	P	I	A	N	D	C	K	W	H

ARKTÍSKUR
BÝFLUGUR
SKÓGUR
DÝR
KVIK
ROF
SM
JÖKULL
HELGIDÓMUR
KLETTAR
ÞOKA
RIVER
FEGURÐ
SKJÓL
SERENE
TROPICAL
LÍFLEGT
VILLT
EYÐIMÖRK
SKÝ

65 - Zoogdieren

T	G	R	V	F	J	K	R	U	L	A	V	H	S
K	Í	R	Z	X	Ð	B	E	R	M	S	T	L	L
Þ	R	E	V	A	E	B	W	N	O	N	R	S	É
O	A	D	L	A	F	L	Ú	Ð	G	I	P	A	T
G	F	G	X	K	A	N	Í	N	A	Ú	Q	D	T
T	F	B	D	S	N	A	U	T	J	M	R	E	U
L	I	R	R	X	G	Ó	R	I	L	L	A	A	Ú
J	Ú	E	H	Ö	F	R	U	N	G	U	R	K	L
Ó	R	L	G	F	Í	L	D	F	V	U	U	Ö	F
N	I	O	F	D	N	H	N	F	P	E	T	T	U
B	G	Q	R	U	M	R	U	F	E	R	S	T	R
M	V	Q	G	D	R	X	H	E	P	E	E	U	G
M	I	H	Þ	A	R	F	F	Ð	B	D	H	R	H
Z	X	H	K	T	T	R	Z	Q	G	K	V	Z	I

API
BEAVER
SLÉTTUÚLFUR
HÖFRUNGUR
ASNI
GEIT
GÍRAFFI
GÓRILLA
HUNDUR
ÚLFALDA
KENGÚRA
KÖTTUR
KANÍNA
LJÓN
FÍL
HESTUR
NAUT
REFUR
HVALUR
ÚLFUR

66 - Overheid

W	L	K	I	I	G	O	T	Ð	I	E	L	F	S
Z	Þ	A	C	Ð	B	W	X	H	D	T	F	R	T
Þ	V	B	M	Æ	W	Þ	L	S	C	Á	F	I	J
S	T	J	Ó	R	N	M	Á	L	C	K	J	Ð	Ó
J	Y	Z	X	Ð	Þ	R	Æ	Ð	U	N	Ð	S	R
R	A	D	X	Ý	I	M	Þ	F	Z	X	G	Æ	N
U	É	F	B	L	I	F	R	E	L	S	I	L	A
M	S	T	N	I	U	Y	F	M	L	M	W	T	R
R	F	A	T	R	U	G	E	L	Ð	Ó	J	Þ	S
Æ	V	G	E	L	É	S	U	D	N	D	B	R	K
Ð	N	A	I	V	Æ	T	L	P	H	Y	M	Í	R
A	A	Z	M	B	L	T	T	Ö	H	Z	S	K	Á
Z	X	I	A	G	J	D	I	I	G	C	R	I	W
R	É	T	T	I	N	D	I	Þ	J	Ó	Ð	D	A

LÝÐRÆÐI
UMRÆÐA
JAFNRÉTTI
DÓMS
RÉTTLÆTI
STJÓRNARSKRÁ
LEIÐTOGI
ÞJÓÐ
ÞJÓÐLEGUR
STJÓRNMÁL
RÉTTINDI
FRIÐSÆLT
RÍKI
TÁKN
RÆÐU
FRELSI
LÖG

67 - Voertuigen

Þ	N	Z	F	F	V	I	O	H	L	O	F	K	S
V	T	X	N	L	E	Ð	Þ	O	O	U	E	A	J
P	O	H	L	E	S	N	V	R	J	F	R	F	Ú
K	K	E	D	K	P	F	K	Z	J	E	J	B	K
I	P	I	L	I	U	A	L	R	Y	Þ	A	Á	R
J	R	X	Þ	D	D	X	M	U	T	Ú	R	T	A
R	N	A	V	B	F	Þ	L	T	G	J	T	U	B
M	Ó	T	O	R	E	L	I	Á	R	V	L	R	Í
V	Q	S	S	Z	W	Ð	A	B	T	V	É	Z	L
G	O	E	K	Ð	L	Y	F	U	Í	N	N	L	L
Q	L	L	Í	B	U	R	Ö	V	G	L	T	Z	E
R	E	I	Ð	H	J	Ó	L	Z	Ð	U	L	V	F
D	R	Á	T	T	A	R	V	É	L	V	Q	O	Þ
H	J	Ó	L	H	Ý	S	I	T	Y	U	Z	A	X

SJÚKRABÍLL
BÍLL
DEKK
VAN
BÁTUR
RÚTU
HJÓLHÝSI
REIÐHJÓL
ÞYRLA
MÓTOR
KAFBÁTUR
ELDFLAUG
VESPU
TAXI
DRÁTTARVÉL
LEST
FERJA
FLUGVÉL
FLEKI
VÖRUBÍLL

68 - Geografie

S	J	H	P	J	X	Q	N	O	V	N	F	D	Z
V	A	E	E	I	B	R	L	F	M	E	W	B	Þ
Æ	R	I	D	Z	R	R	Q	A	J	Þ	Q	P	Þ
Ð	Ð	M	X	X	K	U	E	H	U	A	J	Y	E
I	A	U	R	I	V	E	R	I	S	N	L	G	B
M	R	R	U	N	Ð	U	Þ	A	D	X	U	L	U
E	U	U	Ð	N	W	L	A	N	D	D	B	Y	I
Q	G	Ð	R	U	S	A	L	T	A	N	O	I	L
R	U	U	O	F	J	J	Þ	N	Q	T	R	Ð	R
Ð	A	S	N	L	E	X	Ó	H	Æ	Ð	G	A	E
Þ	B	G	K	Á	V	E	S	T	U	R	W	W	Y
Z	Ð	P	O	M	E	R	I	D	I	A	N	N	V
N	I	K	R	S	A	M	W	R	P	Q	F	I	K
G	M	J	T	D	M	C	N	V	G	D	Z	Z	A

ATLAS
FJALL
BREIDD
ÁLFUNNI
EYJA
MIÐBAUGUR
JARÐAR
HÆÐ
KORT
LAND
MERIDIAN
NORÐUR
HAF
SVÆÐI
RIVER
BORG
HEIMUR
VESTUR
SJÓ
SUÐUR

69 - Kunstbenodigdheden

B	J	M	N	M	O	X	S	V	V	P	K	S	Z
L	P	H	W	A	L	X	K	J	A	A	O	T	I
Ý	A	O	X	M	Í	L	Ö	F	T	S	L	Ó	H
A	P	V	N	Y	A	É	P	U	N	T	Ý	L	O
N	P	A	U	V	L	V	U	Þ	S	E	R	H	J
T	Í	T	Ð	F	S	A	N	U	L	L	K	M	M
A	R	N	L	C	Æ	D	O	B	I	L	A	Q	Á
R	X	B	J	T	L	N	O	T	T	I	Z	M	L
M	H	E	Q	U	G	Y	L	G	I	T	H	R	N
N	E	U	A	U	E	M	D	I	R	I	W	Y	I
Þ	A	O	Y	B	W	Ð	D	K	T	R	Ð	C	N
B	U	R	S	T	A	R	I	E	L	I	V	C	G
N	Z	O	S	T	R	O	K	L	E	Ð	U	R	U
D	O	J	F	A	I	B	E	B	U	K	J	Ð	E

AKRÝL
VATNSLITIR
BURSTAR
MYNDAVÉL
SKÖPUN
GLÆSLA
STROKLEÐUR
KOL
BLEK
LEIR
LITI
LÍM
OLÍA
PAPPÍR
PASTELLITIR
BLÝANTAR
STÓL
BORÐ
MÁLNINGU
VATN

70 - Barbecues

H	F	J	Ö	L	S	K	Y	L	D	A	J	V	H
T	Á	D	J	X	V	A	N	B	S	Y	V	J	A
Ó	X	D	Á	V	Ö	X	T	U	R	A	P	I	P
M	H	P	E	R	N	J	V	P	A	R	F	L	C
A	P	J	Þ	G	T	S	I	L	N	Ó	T	A	K
T	R	U	G	N	I	L	K	Ú	J	K	Ö	U	V
A	F	Í	N	H	T	S	M	G	P	Ð	L	K	Ö
R	G	T	T	I	E	H	V	S	U	M	A	R	L
H	P	L	L	Q	M	F	E	E	Q	M	S	I	D
U	U	Z	A	C	N	O	Y	O	R	O	J	O	M
Þ	V	N	S	T	Æ	R	L	V	T	Ð	E	R	A
M	Y	W	G	E	R	K	I	D	H	O	U	W	T
Q	Þ	F	Y	U	G	S	E	S	E	B	N	R	U
S	Ó	S	A	B	R	G	R	I	L	L	T	H	R

KVÖLDMATUR
FJÖLSKYLDA
ÁVÖXTUR
GRILL
GRÆNMETI
HEITT
HUNGUR
KJÚKLINGUR
HÁDEGISVERÐUR
HNÍFA
TÓNLIST
PIPAR
SALÖT
SÓSA
TÓMATAR
LAUK
BOÐ
FORKS
SUMAR
SALT

71 - Schoonheid

Z	P	S	Þ	J	Ó	N	U	S	T	A	F	G	O
V	A	Ð	N	I	L	M	U	R	V	N	A	L	H
E	L	X	K	Y	B	C	B	G	O	C	R	Æ	V
G	L	G	Ð	L	R	S	L	É	T	T	Ð	S	A
Z	I	R	Æ	K	S	T	I	Q	T	G	I	I	R
V	E	R	U	G	E	L	I	S	Æ	L	G	L	A
K	H	H	X	W	U	L	T	V	U	R	X	E	L
J	R	Ú	H	V	I	I	S	S	Ö	U	L	I	I
M	W	U	Ð	Á	N	G	I	Q	F	R	C	K	T
D	P	N	L	H	J	E	L	D	G	Ö	U	I	U
H	T	Z	O	L	Z	P	Í	F	C	V	O	R	R
L	I	T	U	R	A	S	T	S	J	A	M	P	Ó
Þ	V	B	A	R	A	K	S	A	M	Y	H	J	S
W	F	E	L	J	Ó	S	M	Y	N	D	I	N	L

HEILLA
SNYRTIVÖRUR
ÞJÓNUSTA
GLÆSILEGUR
GLÆSILEIKI
LJÓSMYNDIN
NÁÐ
ILMUR
SLÉTT
HÚÐ
LITUR
KRULLA
VARALITUR
MASKARA
VÖRUR
SKÆRI
SJAMPÓ
SPEGILL
STÍLISTI
FARÐI

72 - Wetenschappelijke Discip

A	U	I	Ð	Æ	R	F	L	Á	S	T	A	K	S
V	I	Ð	Æ	R	F	S	I	M	Æ	N	Ó	B	T
E	A	Æ	T	A	U	G	A	F	R	Æ	Ð	I	E
F	V	R	J	A	R	Ð	F	R	Æ	Ð	I	V	I
N	É	F	M	D	Ý	R	A	F	R	Æ	Ð	I	N
A	L	A	H	A	F	H	R	K	M	B	I	V	D
F	M	S	G	Y	F	P	L	D	X	K	F	D	A
R	E	A	I	Ð	Æ	R	F	T	S	I	V	Ð	F
Æ	N	R	T	A	I	Ð	Æ	R	F	L	É	V	R
Ð	N	G	N	I	R	Æ	N	Ð	R	K	W	X	Æ
I	I	Ð	Æ	R	F	F	Í	L	I	K	C	W	Ð
F	É	L	A	G	S	F	R	Æ	Ð	I	X	R	I
S	T	J	Ö	R	N	U	F	R	Æ	Ð	I	W	J
V	E	Ð	U	R	F	R	Æ	Ð	I	H	W	F	Z

STJÖRNUFRÆÐI
LÍFFRÆÐI
EFNAFRÆÐI
VISTFRÆÐI
JARÐFRÆÐI
ÓNÆMISFRÆÐI
VÉLFRÆÐI
VEÐURFRÆÐI
STEINDAFRÆÐI
TAUGAFRÆÐI
GRASAFRÆÐI
SÁLFRÆÐI
VÉLMENNI
FÉLAGSFRÆÐI
VARMAFRÆÐI
NÆRING
DÝRAFRÆÐI

73 - Bijvoeglijke Naamwoorden

A	Á	D	Ð	I	D	N	A	P	A	K	S	Þ	U
T	F	B	R	R	Y	Ý	P	H	R	N	R	U	I
K	N	K	Y	A	W	T	L	L	I	V	U	R	C
E	Á	S	A	R	M	T	S	T	O	L	T	U	R
S	T	V	K	S	G	A	S	L	G	K	L	K	U
Y	T	A	H	U	T	U	T	C	M	Z	A	S	K
F	Ú	N	G	A	B	A	R	Í	K	N	S	R	R
J	R	G	Q	J	G	T	M	J	S	Z	Ð	E	E
A	U	U	D	S	C	D	Y	I	T	K	X	F	T
Ð	L	R	H	R	E	I	N	T	K	U	N	E	S
U	E	Þ	R	E	Y	T	T	U	R	I	N	B	Z
R	G	Á	H	U	G	A	V	E	R	T	L	B	P
H	T	Ð	E	Ð	L	I	L	E	G	T	W	L	P
H	E	I	L	B	R	I	G	Ð	U	R	U	C	B

EKTA
SKAPANDI
DRAMATÍSK
HEILBRIGÐUR
SVANGUR
ÁHUGAVERT
ÞREYTTUR
NÁTTÚRULEGT
NÝTT
EÐLILEGT
AFKASTAMIKILL
SYFJAÐUR
STERKUR
STOLTUR
ÁBYRGUR
FERSKUR
VILLT
SALTUR
HREINT

74 - Kleding

X	F	W	Y	V	B	R	M	Q	H	H	E	L	T
X	X	U	Þ	G	A	L	Ó	C	Á	Đ	S	Y	H
T	Í	S	K	A	Z	R	I	K	L	H	U	T	S
A	N	Á	T	T	F	Ö	T	K	S	L	I	P	K
T	R	E	F	I	L	J	L	J	M	X	Đ	I	Ó
R	A	S	P	H	O	X	E	Ó	E	X	Z	M	N
Y	R	O	E	S	A	L	B	L	N	Þ	D	L	D
K	M	K	Y	V	K	T	R	L	J	A	K	K	I
S	B	K	S	U	S	Z	T	M	L	C	Þ	Þ	V
J	A	A	A	N	N	V	X	U	E	I	L	U	Q
M	N	R	B	T	A	P	T	L	R	K	Đ	K	V
Z	D	B	Þ	U	H	T	N	Z	N	Á	X	Z	N
B	U	X	U	R	A	V	Þ	Q	Þ	P	S	L	O
B	L	Ú	S	S	A	V	I	Z	L	U	B	D	Þ

ARMBAND
BLÚSSA
BUXUR
HANSKA
HATTUR
KÁPU
JAKKI
KJÓLL
HÁLSMEN
TÍSKA

NÁTTFÖT
BELTI
PILS
SKÓ
SKÓR
SVUNTU
SKYRTA
TREFIL
SOKKAR
PEYSA

75 - Vliegtuigen

H	I	M	I	N	N	S	K	C	C	H	P	Y	S
H	N	A	J	G	U	I	N	T	E	V	I	F	T
Æ	R	U	Ð	A	M	G	U	L	F	Ð	L	M	J
Ð	Y	Þ	Þ	N	V	L	S	W	O	W	M	Á	Ó
K	K	S	A	G	A	A	Ð	T	H	P	G	H	R
S	M	Í	Ð	I	L	V	L	R	E	V	N	Ö	N
T	T	O	R	I	G	E	Þ	R	A	F	Q	F	M
A	N	U	R	P	P	U	N	W	M	V	N	N	Á
U	L	U	Y	X	P	Þ	D	D	M	F	B	U	L
Ð	V	B	K	N	I	Q	I	G	I	L	O	F	T
S	C	É	Ó	H	Ö	N	N	U	N	N	C	G	V
U	G	G	L	B	L	Ö	Ð	R	U	J	G	E	T
Æ	V	I	N	T	Ý	R	I	M	W	O	T	F	Q
E	L	D	S	N	E	Y	T	I	N	H	B	A	D

UPPRUNA
STJÓRNMÁL
ÆVINTÝRI
BLÖÐRU
ÁHÖFN
SMÍÐI
ELDSNEYTI
SAGA
HIMINN
HÆÐ
LENDING
LOFT
VÉL
SIGLA
HÖNNUN
FARÞEGI
FLUGMAÐUR
STEFNU
ÓKYRRÐ
VETNI

76 - Herbalisme

S	R	M	Ó	L	B	X	M	E	D	E	T	V	G
T	Ó	A	A	Y	X	M	P	M	I	Z	I	N	A
E	S	R	H	T	N	Æ	R	G	L	J	M	A	R
I	M	O	O	P	R	S	C	M	L	Ð	J	X	Ð
N	A	J	R	I	U	E	A	L	I	S	A	B	U
S	R	R	E	L	K	E	I	G	R	C	N	A	R
E	Í	A	G	M	U	S	N	Ð	Æ	V	F	B	F
L	N	M	A	A	A	T	F	U	S	Ð	F	R	E
J	J	I	N	N	L	R	E	G	Z	L	I	A	N
A	N	Q	O	D	T	A	C	Z	L	L	U	G	N
T	B	V	D	I	Í	G	Z	C	H	M	Ð	Ð	E
V	F	B	F	F	V	O	E	D	G	A	S	V	L
V	Q	T	Þ	D	H	N	S	A	F	F	R	A	N
L	O	F	N	A	R	B	L	Ó	M	E	D	N	J

ILMANDI
BASIL
BLÓM
MATREIÐSLU
DILL
ESTRAGON
GRÆNT
EFNI
HVÍTLAUKUR
GÆÐI

LOFNARBLÓM
MARJORAM
OREGANO
STEINSELJA
RÓSMARÍN
SAFFRAN
BRAGÐ
TIMJAN
GARÐUR
FENNEL

77 - Kracht en Zwaartekracht

E	I	G	N	I	R	Z	A	Þ	Y	N	G	D	Q
U	L	V	G	Þ	R	Ý	S	T	I	N	G	U	R
H	S	E	G	U	L	M	A	G	N	E	Q	O	J
P	R	V	S	T	Æ	K	K	U	N	W	C	A	B
Þ	N	E	É	E	Ð	L	I	S	F	R	Æ	Ð	I
Q	D	I	Y	L	K	W	M	Á	S	M	A	I	H
D	Þ	Y	B	F	F	L	Í	Q	T	S	C	L	N
M	L	O	Þ	B	I	R	T	P	Æ	I	Y	H	Ú
Ð	I	G	Þ	U	R	N	Æ	C	R	F	F	L	N
F	Ð	Ð	O	M	H	X	G	Ð	Ð	E	K	A	I
H	G	I	J	W	Á	U	J	R	I	A	V	Z	N
G	H	T	U	A	R	B	R	O	P	S	I	Q	G
U	P	P	G	Ö	T	V	U	N	B	X	K	H	R
I	F	J	A	R	L	Æ	G	Ð	H	R	A	Ð	I

FJARLÆGÐ
ÁS
SPORBRAUT
HREYFING
MIÐJA
ÞRÝSTINGUR
KVIK
EIGNIR
ÞYNGD
ÁHRIF
SEGULMAGN
VÉLFRÆÐI
EÐLISFRÆÐI
STÆRÐ
UPPGÖTVUN
HRAÐI
TÍMI
STÆKKUN
ALHLIÐA
NÚNING

78 - Het Bedrijf

Z	R	L	D	N	M	E	S	F	F	V	V	U	J
I	Đ	N	A	Đ	U	R	K	R	J	K	Ö	G	D
M	L	U	T	F	Đ	U	A	A	Á	Y	Þ	R	T
B	N	A	T	Q	H	J	P	M	R	N	K	R	U
Đ	N	L	Æ	G	B	K	A	F	F	N	V	U	U
S	U	Q	H	S	V	E	N	A	E	I	U	G	Q
Þ	Đ	Z	Á	T	B	T	D	R	S	N	K	E	E
O	R	Đ	S	P	O	R	I	I	T	G	D	L	I
O	Ö	K	M	O	E	F	N	R	I	Đ	Æ	G	N
C	V	N	U	Ó	R	Þ	E	I	N	X	S	A	I
V	K	Ý	M	U	Y	Z	J	C	G	H	M	F	N
P	Á	J	A	L	Þ	J	Ó	Đ	L	E	G	T	G
G	P	A	K	I	E	L	U	G	Ö	M	B	L	A
O	S	R	A	T	V	I	N	N	A	O	F	I	R

ÁKVÖRÐUN
SKAPANDI
EININGAR
ALÞJÓÐLEGT
IÐNAÐUR
TEKJUR
NÝJAR
FJÁRFESTING
GÆÐI
LAUN
MÖGULEIKA
KYNNING
VÖRU
FAGLEGUR
ORÐSPOR
ÁHÆTTA
ÞRÓUN
FRAMFARIR
ATVINNA

79 - Rijden

B	Í	L	S	K	Ú	R	R	O	I	G	A	T	A
Q	I	Þ	Y	A	T	U	H	F	T	L	T	A	H
A	Q	W	L	F	G	S	Þ	V	Y	L	T	C	I
Q	V	N	S	Y	X	M	J	X	E	V	Æ	D	D
L	E	Y	F	I	H	E	I	E	N	I	H	H	N
M	V	E	G	U	R	R	Y	U	S	P	Y	J	A
L	Ó	J	Q	S	K	B	X	T	D	Þ	I	W	G
L	K	T	K	N	I	J	H	Ö	L	Ð	R	Q	N
Í	J	R	O	X	Q	T	Ð	R	E	F	M	U	A
B	Í	L	L	R	Z	Ð	D	Y	K	O	R	T	G
U	W	E	Q	O	H	E	A	G	W	N	O	A	Ö
R	W	H	C	T	E	J	M	G	R	T	Q	C	N
Ö	A	J	Z	Ó	R	F	Ó	I	K	L	Þ	D	G
V	S	H	E	M	Þ	S	C	L	H	R	A	Ð	I

BÍLL
ELDSNEYTI
BÍLSKÚR
GAS
HÆTTA
KORT
LEYFI
MÓTOR
MÓTORHJÓL
SLYS
BREMSUR
HRAÐI
GATA
GÖNG
ÖRYGGI
UMFERÐ
GANGANDI
VÖRUBÍLL
VEGUR

80 - Natuurkunde

B	H	H	R	Ö	Đ	U	N	S	Þ	A	H	Þ	I
E	Q	R	R	V	H	J	A	A	É	F	E	Y	L
C	Đ	Y	A	A	T	T	L	M	T	S	V	N	M
L	H	I	G	Đ	Z	Í	H	E	T	T	É	G	Đ
F	A	Đ	A	O	A	Đ	L	I	L	Æ	L	D	M
N	O	Æ	S	R	B	N	I	N	E	Đ	V	A	K
F	W	R	A	Q	M	I	Đ	D	I	I	L	R	I
E	Y	F	M	H	X	E	A	W	K	N	X	A	U
E	C	L	Ó	Ú	H	C	S	S	I	K	K	F	S
E	X	É	T	Þ	L	C	U	S	H	X	H	L	J
A	E	V	A	B	D	A	I	K	I	A	X	S	G
S	E	G	U	L	M	A	G	N	N	G	Ö	P	N
T	I	L	R	A	U	N	E	H	F	M	Y	E	W
R	A	F	E	I	N	D	H	W	E	Đ	Đ	C	V

ATÓM
ROĐA
EFNI
ÖGN
ÞÉTTLEIKI
RAFEIND
TILRAUN
FORMÚLA
TÍĐNI
GAS

SEGULMAGN
MESSI
VÉLFRÆĐI
SAMEIND
VÉL
AFSTÆĐI
HRAĐA
ALHLIĐA
HRÖĐUN
ÞYNGDARAFL

81 - Muziekinstrumenten

B	C	S	R	Q	Þ	G	N	Ó	F	Ó	X	A	S
O	Á	F	C	C	L	V	S	B	W	L	Z	B	K
Ð	S	S	O	V	L	Q	X	Ó	G	L	U	U	L
E	S	K	Ú	I	F	M	I	I	U	E	P	M	A
K	H	V	K	N	R	R	Y	G	F	S	R	B	R
R	T	A	D	Í	A	M	M	O	R	T	Ö	U	I
E	E	H	C	L	T	M	R	O	Y	I	H	R	N
V	P	L	R	Ó	Í	Ð	A	P	Í	A	N	Ó	E
G	M	Z	T	D	G	K	Þ	R	C	N	N	J	T
A	O	V	T	N	W	U	L	Ð	I	F	U	N	T
L	R	N	O	A	H	A	R	P	A	M	M	A	Þ
S	T	D	G	M	F	L	A	U	T	U	B	B	Y
L	N	A	A	X	O	C	U	S	X	Q	P	A	W
K	Þ	R	F	L	W	D	G	C	I	L	G	R	I

BANJÓ
SELLÓ
FAGOTT
FLAUTU
GÍTAR
GONG
HARPA
ÓBÓ
KLARINETT
MANDÓLÍN
MARIMBA
MUNNHÖRPU
SLAGVERK
PÍANÓ
SAXÓFÓN
BUMBUR
BÁSÚNA
TROMMA
TROMPET
FIÐLU

82 - Ethiek

N	I	N	R	N	L	U	P	G	D	Z	H	F	B
J	D	L	E	V	V	Y	P	I	Z	J	E	O	W
X	N	V	I	P	I	C	T	L	R	D	I	H	R
L	Y	Z	S	O	S	R	N	D	G	M	L	E	X
Z	L	S	N	X	Ý	J	Đ	I	U	N	I	I	A
R	R	Q	G	O	F	E	V	I	M	E	N	M	Q
N	A	Y	G	P	N	N	D	S	N	A	D	S	F
S	Đ	U	W	H	R	N	U	Q	V	G	I	P	R
A	R	X	N	G	Ó	Đ	V	I	L	D	U	E	A
M	U	U	F	S	F	K	N	Y	J	K	Z	K	T
Ú	B	T	I	Đ	Æ	M	N	I	L	O	Þ	I	S
Đ	M	B	G	K	Đ	I	N	Y	K	N	N	A	M
N	U	D	I	P	L	O	M	A	T	I	C	I	A
V	I	S	K	I	C	I	M	E	S	N	Y	K	S

FÓRNFÝSI
DIPLOMATIC
VIRÐINGU
HEIMSPEKI
ÞOLINMÆÐI
HEILINDI
SAMÚÐ
MANNKYNIÐ
SKYNSEMI
RAUNSÆI
SAMSTARF
UMBURÐARLYNDI
GÓÐVILD
GILDI
REISN
VISKI

83 - Antiek

W	D	D	Q	C	A	W	U	K	T	S	Z	Z	E
G	B	X	R	N	Y	V	K	K	G	D	Q	P	Þ
L	S	S	Ð	U	S	Y	Í	R	E	L	L	A	G
Æ	I	K	V	I	R	Ð	I	E	L	Ö	N	E	N
S	P	Ð	R	E	V	T	F	V	U	S	H	N	I
I	Þ	O	Æ	E	S	T	Í	L	J	B	Ö	D	T
L	N	B	C	G	Y	T	W	Á	N	T	G	U	S
E	G	P	Þ	C	A	T	O	M	E	Þ	G	R	E
G	Ö	P	X	N	Q	M	I	Y	V	R	M	R	F
U	G	U	E	K	T	A	A	N	Ó	Þ	Y	E	R
R	S	A	F	N	A	R	I	L	G	A	N	I	Á
M	Ú	D	K	K	P	J	Þ	Z	L	A	D	S	J
F	H	Ð	X	M	S	D	A	A	L	U	R	N	F
Z	Z	C	T	H	L	I	S	T	M	Y	N	T	A

EKTA
HÖGGMYND
SKREYTINGAR
ÖLD
GLÆSILEGUR
GALLERÍ
FJÁRFESTING
LIST
GÆÐI
HÚSGÖGN
MYNT
ÓVENJULEGT
GAMALL
VERÐ
ENDURREISN
MÁLVERK
STÍL
UPPBOÐ
SAFNARI
VIRÐI

84 - Activiteiten en Vrije Ti

G	X	W	A	Z	Đ	Ú	T	L	B	R	M	B	Q
A	U	I	G	H	X	T	E	S	I	L	Q	Þ	Z
R	V	E	I	Đ	I	J	N	I	U	S	A	X	Q
Đ	W	X	V	N	D	Æ	N	J	Y	N	T	K	R
Y	P	F	D	D	M	Đ	I	I	U	Đ	D	T	I
R	G	L	W	M	F	A	S	T	Y	J	Đ	S	Đ
K	O	Þ	H	N	E	F	A	L	E	I	K	A	R
J	L	M	G	R	N	F	P	O	E	T	M	Đ	E
A	F	Y	J	A	Đ	Đ	Đ	B	Z	L	Á	R	F
K	A	P	P	A	K	S	T	U	R	O	L	E	U
Á	H	U	G	A	M	Á	L	F	Q	B	V	F	G
N	G	I	L	P	R	D	N	R	F	T	E	W	N
N	A	W	E	A	N	U	F	Ö	K	Ó	R	D	Ö
Y	F	T	S	D	I	A	Y	K	C	F	K	E	G

KÖRFUBOLTI
HNEFALEIKAR
KÖFUN
GOLF
VEIÐI
ÁHUGAMÁL
ÚTJÆÐA
LIST
KAPPAKSTUR
FERÐAST
MÁLVERK
TENNIS
GARÐYRKJA
FÓTBOLTI
BLAK
GÖNGUFERÐIR
SUND

85 - Water

F	R	Á	J	Y	Y	T	V	X	Đ	R	U	S	U
O	E	O	V	F	L	Ó	Đ	T	N	A	P	N	P
S	V	L	Đ	E	M	O	N	S	Ú	N	R	J	P
K	I	I	L	S	I	H	D	O	O	Q	A	Ó	G
C	R	S	L	I	I	T	S	R	I	D	K	R	U
V	S	Z	Z	A	B	O	U	F	U	G	I	A	F
R	Ö	K	U	M	K	Y	S	T	U	R	T	U	U
U	O	B	Đ	K	Đ	E	L	E	R	U	T	S	N
D	P	Þ	L	S	P	J	S	U	S	K	Q	G	N
L	E	D	P	P	P	H	A	F	R	Í	Z	E	E
Ö	J	R	I	G	N	I	N	G	U	S	Y	Y	A
D	R	Y	K	K	J	A	R	H	Æ	F	T	S	Í
O	T	L	H	P	L	X	Q	T	I	E	Y	I	S
D	T	B	G	V	M	J	G	V	R	O	S	R	X

STURTU
DRYKKJARHÆFT
GEYSIR
ÖLDUR
ÍS
ÁVEITU
SÍKUR
LAKE
MONSÚN
HAF
FELLIBYLUR
FLÓÐ
RIGNING
RIVER
SNJÓR
GUFU
UPPGUFUN
RÖKUM
RAKI
FROST

86 - Koffie

P	W	U	V	N	E	O	Q	K	I	L	L	O	B
S	A	E	F	P	G	N	O	K	N	A	D	F	C
V	E	S	A	R	Ú	S	P	V	T	V	M	L	G
A	O	E	Y	U	N	C	W	P	Y	G	Đ	J	K
R	F	J	Þ	K	N	X	K	V	E	R	Đ	Ó	V
T	B	H	Z	K	U	R	W	V	R	U	G	T	B
Y	Þ	N	Y	Y	G	R	N	K	B	T	A	A	R
J	S	Í	A	R	R	R	U	M	L	I	R	N	E
K	E	H	Đ	D	O	Y	Z	O	Ö	B	B	D	N
O	O	V	Y	J	M	K	L	Ó	J	M	E	I	N
F	U	R	H	M	H	L	G	H	F	V	D	E	T
F	X	Y	C	A	P	W	R	M	W	R	A	N	Đ
Í	B	G	E	L	W	Þ	R	J	Ó	M	A	T	H
N	F	Þ	I	A	U	P	P	R	U	N	A	E	N

ILMUR
BOLLI
BITUR
KOFFÍN
DRYKKUR
SÍA
BRENNT
MALA
MJÓLK
MORGUNN
UPPRUNA
VERÐ
RJÓMA
BRAGÐ
SYKUR
FJÖLBREYTNI
FLJÓTANDI
VATN
SÚR
SVART

87 - Schaken

K	S	M	Ó	T	M	Æ	L	A	N	D	I	K	K
R	E	K	S	T	E	F	N	U	T	W	O	T	O
E	A	P	Á	L	E	I	K	M	A	Ð	U	R	N
G	Ð	E	P	B	K	Z	L	S	V	A	R	T	U
L	L	A	Y	N	G	E	L	X	H	V	U	Ð	N
U	Æ	C	N	R	I	R	A	T	S	I	E	M	G
R	R	H	V	Ó	T	U	J	Ó	U	M	O	F	U
H	A	A	H	F	S	K	N	M	B	Í	R	M	R
K	V	Ð	M	Þ	Q	I	S	B	I	T	T	Þ	B
T	E	Í	Q	O	M	E	H	C	L	V	Ð	R	U
A	B	L	T	E	S	L	H	Ð	L	O	G	P	B
X	V	T	U	U	D	R	O	T	T	N	I	N	G
Q	U	W	D	L	R	I	N	A	R	O	K	S	Á
A	Ð	G	E	R	Ð	A	L	A	U	S	K	W	R

SKÁ
MEISTARI
KONUNGUR
DROTTNING
AÐ LÆRA
FÓRN
AÐGERÐALAUS
STIG
REGLUR
SNJALL
LEIKUR
LEIKMAÐUR
STEFNU
MÓTMÆLANDI
TÍMI
MÓT
ÁSKORANIR
KEPPNI
HVÍTUR
SVART

88 - Boerderij #1

A	Y	V	Á	B	U	R	Ð	U	R	H	H	X	K
V	A	T	N	E	M	P	U	Ð	U	E	S	Z	Á
H	R	Í	S	G	R	J	Ó	N	G	Y	I	I	L
V	G	S	Q	L	Ð	P	L	P	N	U	W	Q	F
M	S	N	S	Y	Þ	Þ	A	A	I	N	S	A	U
C	P	I	A	H	O	C	N	H	L	K	H	H	R
E	C	R	B	N	J	Q	D	U	K	Þ	Þ	K	O
F	L	O	K	K	U	R	B	N	Ú	B	Í	K	X
H	I	W	U	F	U	H	Ú	D	J	G	E	I	T
K	E	K	V	F	R	Æ	N	U	K	E	E	X	O
R	W	S	C	Z	U	A	A	R	V	F	N	J	Y
Á	O	R	T	G	N	I	Ð	R	I	G	X	G	M
K	X	G	T	U	P	S	U	Ý	Þ	Þ	D	W	I
A	Y	D	X	Þ	R	H	R	K	Ö	T	T	U	R

BÍ
ASNI
GEIT
GIRÐING
HUNDUR
HUNANG
HEY
KÁLFUR
KÖTTUR
KJÚKLINGUR
KÝR
KRÁKA
FLOKKUR
LANDBÚNAÐUR
ÁBURÐUR
HESTUR
HRÍSGRJÓN
ENGI
VATN
FRÆ

89 - Huis

O	C	X	I	S	R	H	E	R	B	E	R	G	I
V	E	G	G	T	Ú	G	Ð	J	K	Þ	U	N	P
P	Z	E	E	R	K	H	Z	J	X	A	T	I	M
C	I	U	Y	O	S	K	D	B	U	K	S	Ð	A
M	Q	T	R	M	L	J	O	L	L	S	Ú	R	L
G	M	F	S	P	Í	A	L	Q	E	Q	K	I	P
H	Ó	E	D	I	B	L	A	R	I	N	N	G	Ð
Ú	S	L	X	N	R	L	S	P	E	G	I	L	L
S	Y	T	F	N	M	A	G	A	R	Ð	U	R	W
G	D	F	U	M	Ð	R	U	H	E	G	V	Q	B
Ö	J	X	M	R	O	I	A	I	D	W	F	W	B
G	Þ	Þ	Þ	I	T	T	F	O	L	S	O	D	I
N	G	L	D	B	B	U	T	L	N	Ð	H	D	L
B	Ó	K	A	S	A	F	N	A	B	J	L	Y	Y

KÚSTUR
BÓKASAFN
ÞAK
HURÐ
STURTU
BÍLSKÚR
ARINN
GIRÐING
HERBERGI
KJALLARI
ELDHÚS
LAMPI
HÚSGÖGN
VEGG
LOFT
STROMPINN
SPEGILL
GÓLFMOTTA
GARÐUR

90 - Geometrie

V	L	Ó	Đ	R	É	T	T	W	Đ	Q	H	X	R
Ú	Í	M	Đ	R	O	B	R	I	F	Y	O	E	Ö
K	T	D	Z	U	L	Á	R	É	T	T	R	D	K
E	P	R	D	G	T	T	H	Æ	Đ	J	N	U	F
N	I	J	E	N	E	F	E	R	I	L	L	Q	R
N	D	A	N	I	X	Þ	V	E	R	M	Á	L	Æ
I	L	F	Z	N	K	B	H	J	E	N	H	H	Đ
N	I	N	Q	R	S	N	L	L	A	X	L	L	I
G	G	A	Đ	Y	K	Đ	I	X	U	V	U	Q	R
A	Đ	I	L	H	M	A	S	N	J	T	E	J	S
G	I	E	X	Í	V	H	S	L	G	N	I	R	H
R	M	G	O	R	C	D	E	I	O	C	L	W	Q
O	P	U	N	Þ	F	Q	M	R	E	S	C	L	Q
S	A	M	H	V	E	R	F	U	Q	G	C	K	F

ÚTREIKNING
HRING
FERILL
ÞVERMÁL
VÍDD
ÞRÍHYRNINGUR
HORN
HÆÐ
LÁRÉTT
RÖKFRÆÐI
MESSI
MIÐGILDI
YFIRBORÐ
SAMHLIÐA
HLUTI
SAMHVERFU
KENNING
JAFNA
LÓÐRÉTT

91 - Jazz

N	U	L	Í	T	S	L	T	T	P	V	A	F	V
S	V	L	D	L	T	A	E	Ó	Á	L	Y	R	S
L	A	A	O	I	C	T	G	N	H	A	Ö	U	U
U	H	M	H	K	K	B	U	L	E	N	C	T	Q
S	L	A	S	I	S	K	N	E	R	Ý	U	K	U
P	J	G	L	E	F	R	D	I	S	T	D	A	I
U	Ó	A	Ó	L	T	G	Y	K	L	T	D	T	H
N	M	L	F	I	N	N	M	A	A	U	A	B	C
I	S	F	A	F	G	O	I	R	U	G	Æ	R	F
C	V	C	K	Æ	Y	D	W	N	T	Æ	K	N	I
A	E	A	L	H	L	M	B	S	G	B	N	H	N
C	I	H	A	T	Ó	N	L	I	S	T	O	H	B
J	T	V	P	E	F	T	I	R	L	Æ	T	I	Q
I	H	P	P	T	Ó	N	S	K	Á	L	D	O	P

PLÖTU
LÓFAKLAPP
FRÆGUR
TÓNSKÁLD
TÓNLEIKAR
EFTIRLÆTI
TEGUND
SPUNI
LAG
TÓNLIST

ÁHERSLA
NÝTT
HLJÓMSVEIT
GAMALL
TAKTUR
SAMSETNING
STÍL
HÆFILEIKI
TÆKNI

92 - Getallen

C	X	Z	T	F	T	N	Á	J	T	Í	N	R	Y
A	N	W	Í	J	U	F	R	M	Ó	Þ	Y	K	Þ
E	F	U	U	Ó	T	Z	I	Y	L	Á	T	T	A
E	M	S	G	R	T	G	V	M	F	Þ	E	Þ	J
R	D	U	N	T	U	V	K	Z	M	L	J	Q	D
Z	B	Q	Í	Á	G	C	Q	M	S	T	N	X	F
F	F	U	U	N	U	I	L	H	U	J	Á	J	I
M	J	N	Ú	L	L	Ð	D	I	C	W	T	N	M
D	Þ	Ó	S	A	U	T	J	Á	N	V	T	Á	M
Q	R	Y	R	I	E	V	T	Z	B	O	E	J	H
P	L	U	G	I	S	U	F	T	G	C	R	T	P
X	R	N	G	V	R	V	O	Q	Y	Ð	Þ	Á	O
S	E	X	T	Á	N	Þ	R	Í	R	X	Y	V	E
Ö	J	S	E	I	N	N	T	C	Z	Ð	Q	X	C

ÁTTA
ÁTJÁN
ÞRETTÁN
ÞRÍR
EINN
NÍU
NÍTJÁN
NÚLL
TÍU
TÓLF
TVEIR
TUTTUGU
FJÓRTÁN
FJÓRIR
FIMM
FIMMTÁN
SEX
SEXTÁN
SJÖ
SAUTJÁN

93 - Boksen

H	B	N	M	J	R	E	I	P	I	H	Y	Ð	U
Æ	H	A	K	R	A	P	S	C	U	R	Ö	N	C
F	N	K	T	T	D	H	P	B	C	Þ	E	K	K
N	E	S	J	A	O	Z	Z	Ð	X	Y	M	I	U
I	F	N	G	I	D	N	A	L	Æ	M	T	Ó	M
G	I	A	K	S	R	A	K	R	E	V	Á	U	C
M	S	H	J	Q	K	A	G	O	B	N	L	O	K
S	T	Y	R	K	U	R	M	A	C	N	Í	W	G
B	J	A	L	L	A	A	T	Ó	X	I	K	R	N
F	Ó	K	U	S	S	T	K	F	D	Ú	A	W	M
F	L	J	Ó	T	U	R	M	Ð	E	B	M	D	V
H	O	R	N	L	Y	L	U	B	P	G	I	T	S
B	A	R	D	A	G	A	M	A	Ð	U	R	O	L
A	Ð	U	O	T	V	Q	W	V	H	Z	F	B	A

OLNBOGA
FÓKUS
HANSKA
BATA
HORN
HÖKU
BJALLA
STYRKUR
LÍKAMI
STIG
DÓMARI
SPARKA
FLJÓTUR
MÓTMÆLANDI
REIPI
BÚINN
HÆFNI
BARDAGAMAÐUR
ÁVERKAR
HNEFI

94 - Boerderij #2

Ú	P	P	U	Z	L	O	O	H	C	E	W	H	B
B	Ó	N	D	I	R	W	S	N	V	B	U	O	R
A	W	U	N	U	U	Đ	D	Z	Q	E	F	R	I
N	Q	T	Ö	S	Đ	U	U	M	N	D	I	U	Đ
G	P	L	É	V	R	A	T	T	Á	R	D	T	R
U	H	J	G	A	A	I	I	Þ	V	Þ	W	X	I
L	F	B	Y	G	G	Z	E	K	L	Q	E	Ö	H
F	U	W	J	R	N	I	V	K	O	R	N	V	L
Ý	H	D	Đ	F	I	I	Á	L	C	Ý	Ý	Á	Ö
B	E	N	G	I	D	Q	Y	Ó	H	D	Þ	D	Đ
G	J	A	Đ	R	L	N	W	J	J	A	A	B	U
J	Y	Q	A	O	A	Z	I	M	B	M	A	L	O
G	R	Æ	N	M	E	T	I	K	N	A	Z	X	X
V	I	N	D	M	Y	L	L	A	F	L	N	R	M

BÝFLUGNABÚ
BÓNDI
ALDINGARÐUR
DÝR
ÖND
ÁVÖXTUR
BYGG
GRÆNMETI
HIRÐIR
ÁVEITU
LAMB
LAMADÝR
KORN
MJÓLK
KIND
HLÖÐU
HVEITI
DRÁTTARVÉL
ENGI
VINDMYLLA

95 - Psychologie

Á	O	F	A	D	H	E	G	Đ	U	N	V	A	Þ
Á	H	O	Þ	E	R	T	Y	T	L	S	K	D	Z
T	A	R	A	G	A	A	K	S	Æ	N	R	A	B
Ö	P	Đ	I	Ó	F	M	U	R	D	L	N	P	G
K	W	L	M	F	I	L	Á	M	A	D	N	A	V
H	U	G	S	A	N	I	R	H	A	V	V	K	Æ
V	M	Y	L	X	P	G	B	U	T	R	E	L	S
I	E	U	B	H	S	I	F	G	M	M	R	Í	I
T	Đ	D	L	T	K	P	Đ	M	J	F	U	N	F
S	F	U	T	S	Y	Z	N	Y	Þ	J	L	Í	R
M	E	R	A	G	N	I	N	N	I	M	E	S	E
U	R	B	C	U	J	Y	N	D	X	T	I	K	G
N	Đ	T	K	S	U	Q	E	I	U	Y	K	Đ	N
I	Þ	G	K	Q	N	X	Y	R	H	R	I	K	Þ

MAT
VITSMUNI
ÁTÖK
DRAUMAR
EGÓ
REYNSLU
HUGSANIR
HEGĐUN
ÆSIFREGN
MINNINGAR
HUGMYNDIR
ÁHRIF
BARNÆSKA
KLÍNÍSK
SKYNJUN
VANDAMÁL
VERULEIKI
MEĐFERĐ

96 - Elektriciteit

A	M	Í	N	U	S	I	B	C	M	V	S	K	R
A	B	C	R	J	R	N	X	Ú	S	Í	Í	A	A
F	U	G	Þ	Á	A	N	D	C	N	R	M	B	F
M	U	I	I	K	F	S	Z	W	G	A	I	E	A
A	Z	Y	E	V	V	T	W	S	A	L	Ð	L	L
G	L	J	A	Æ	I	U	R	J	M	S	G	U	L
N	L	E	B	T	R	N	A	Ó	F	M	V	Y	R
Q	U	F	Y	T	K	G	F	N	A	Y	Z	H	P
N	G	R	N	S	I	A	H	V	R	E	K	I	V
X	E	B	C	L	I	B	L	A	L	G	A	R	S
X	S	R	X	J	P	R	A	R	E	N	T	Z	W
K	V	T	R	I	M	J	Ð	P	Þ	W	E	Y	E
Þ	Þ	L	Q	W	A	W	A	Q	N	X	S	T	D
S	B	I	T	U	L	H	J	P	G	Þ	O	X	B

RAFHLAÐA
BÚNAÐUR
VÍR
RAFVIRKI
RAFMAGNS
RAFALL
MAGN
KABEL
LAMPI
LEYSIR
SEGULL
MÍNUS
NET
HLUTI
GEYMSLA
JÁKVÆTT
INNSTUNGA
SÍMI
SJÓNVARP

97 - Zakelijk

F	J	Á	R	F	E	S	T	I	N	G	F	S	F
A	U	L	Ö	S	A	B	J	T	W	B	Y	T	E
F	A	F	O	T	S	F	I	R	K	S	R	A	R
F	E	H	L	J	L	G	P	U	R	D	I	R	I
V	L	W	R	Ó	Y	M	M	J	R	E	R	F	L
E	Þ	P	B	R	U	O	S	K	W	K	T	S	A
R	A	G	N	I	N	E	P	E	U	O	Æ	M	F
K	A	N	D	K	F	F	F	T	Q	Q	K	A	S
S	B	T	D	P	S	U	J	M	Þ	B	I	Ð	L
M	R	N	T	H	B	Ú	Ð	Á	Y	G	V	U	Á
I	I	W	Q	A	P	Q	S	J	R	N	V	R	T
Ð	V	C	C	D	K	M	C	B	G	M	T	U	T
J	E	X	Ð	N	F	S	U	Q	M	X	Á	K	U
U	W	Z	V	I	Ð	S	K	I	P	T	I	L	R

STJÓRI
FYRIRTÆKI
SKATTAR
FERIL
VERKSMIÐJU
FJÁRMÁL
PENINGAR
TEKJUR

FJÁRFESTING
SKRIFSTOFA
AFSLÁTTUR
VIÐSKIPTI
MYNT
SÖLU
STARFSMAÐUR
BÚÐ

98 - Voeding

M	T	G	G	V	Ö	K	V	A	X	X	B	N	K
F	A	R	Ó	L	E	G	U	R	U	T	Æ	Q	V
S	B	T	D	R	C	E	I	Þ	V	C	Þ	U	E
Þ	Ó	C	A	T	T	C	Þ	Y	D	E	B	X	L
J	R	S	P	R	X	Y	W	N	U	J	R	E	G
N	N	N	A	N	L	N	V	G	F	P	F	D	M
Í	F	I	H	T	L	Y	P	D	E	C	X	I	A
M	E	L	T	I	N	G	S	B	R	A	G	Ð	T
A	F	U	U	C	D	P	A	T	K	T	Ð	Æ	A
T	J	E	I	T	U	R	E	F	N	I	Z	G	R
Í	H	I	T	A	E	I	N	I	N	G	A	R	Æ
V	N	L	D	I	K	O	L	V	E	T	N	I	Ð
P	R	Ó	T	E	I	N	Þ	B	I	T	U	R	I
G	D	N	H	E	I	L	S	A	P	J	L	G	D

BITUR
HITAEININGAR
MATARÆÐI
ÆTUR
MATARLYST
PRÓTEIN
RÓLEGUR
GERJUN
ÞYNGD
HEILSA
KOLVETNI
GÆÐI
SÓSA
BRAGÐ
MELTING
EITUREFNI
VÍTAMÍN
VÖKVA

99 - Chemie

G	G	W	H	L	V	Đ	V	T	Đ	K	G	U	Þ
A	T	I	H	I	T	A	V	H	G	Q	W	O	Y
S	N	L	L	P	T	L	A	S	Ö	P	K	U	N
Z	Æ	I	T	W	S	A	C	H	R	J	L	G	G
A	R	B	D	Y	Ý	J	S	Y	B	V	Ó	G	D
F	F	V	I	N	R	F	J	T	Đ	D	R	Y	S
M	Í	S	N	E	A	I	Ó	V	I	H	M	H	Ú
S	L	U	T	T	P	T	N	K	V	G	M	K	R
R	A	F	E	I	N	D	Ó	Y	A	N	Á	O	E
F	V	D	V	T	E	P	G	J	Đ	S	L	L	F
S	A	M	E	I	N	D	Z	J	L	Y	M	E	N
C	Z	U	S	E	A	O	C	I	K	F	A	F	I
F	U	G	Ú	X	L	M	O	V	X	N	N	N	A
R	Q	Z	R	R	D	F	Z	Q	A	G	I	I	T

SÚR
KLÓR
RAFEIND
ENSÍM
GAS
ÞYNGD
JÓN
HVATI
KOLEFNI
MÁLMA

SAMEIND
LÍFRÆNT
VIÐBRÖGÐ
HITASTIG
FLJÓTANDI
HITA
VETNI
SALT
SÝRA
SÚREFNI

1 - Metingen

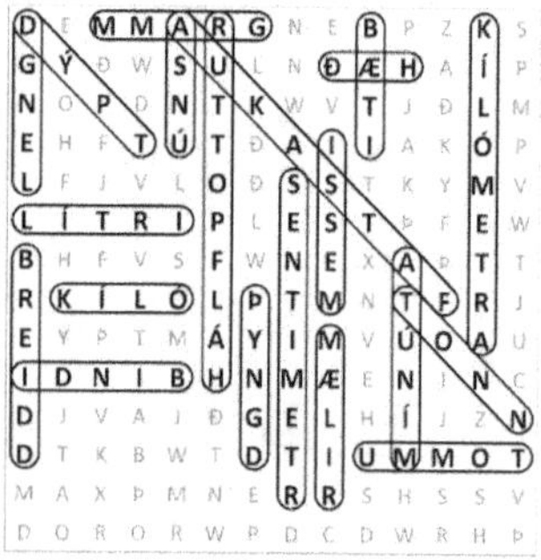

2 - Keuken

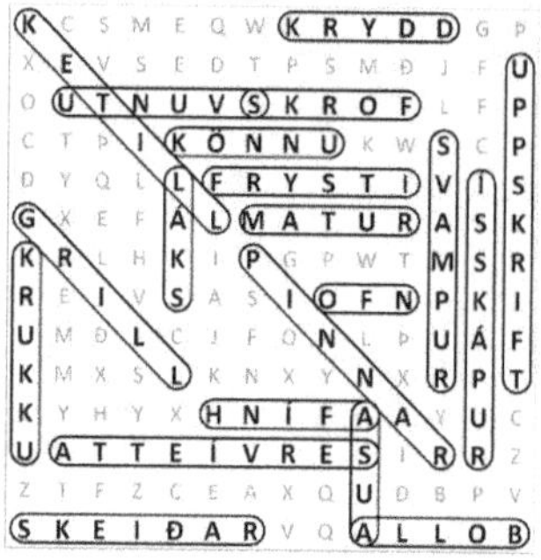

3 - Boten

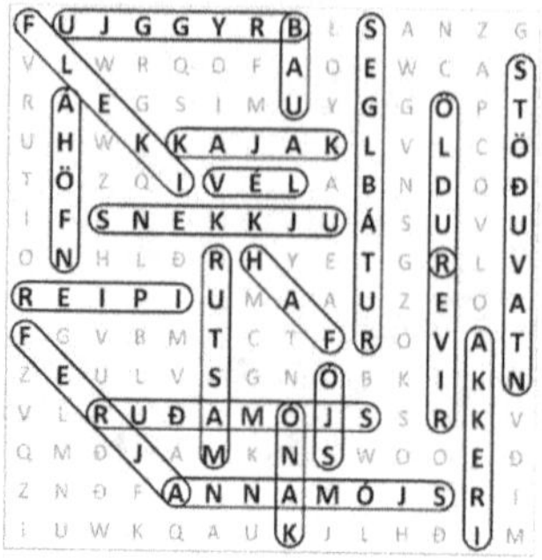

4 - Chocolade

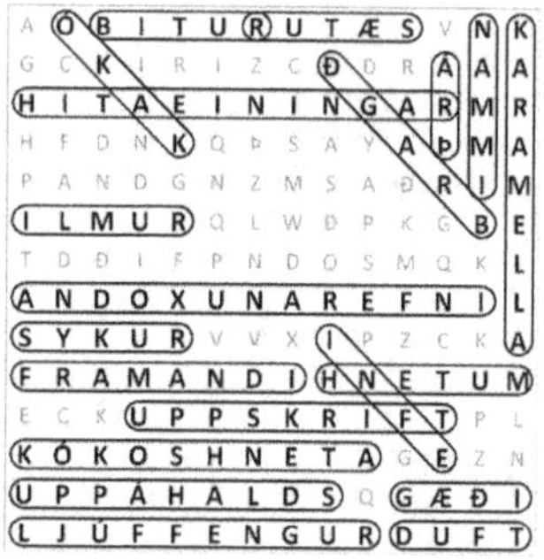

5 - Gezondheid en Welzijn #2

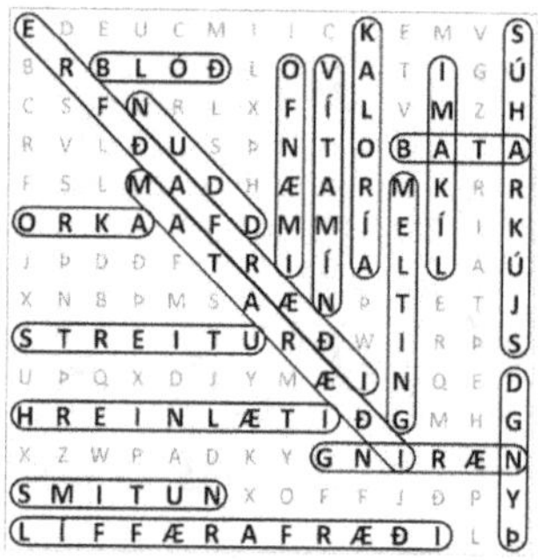

6 - Tijd

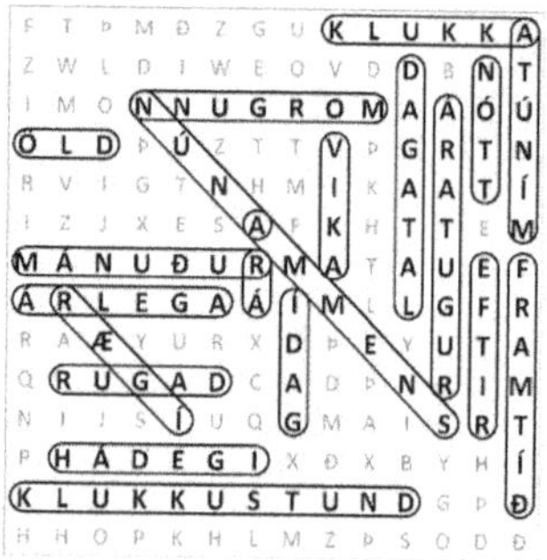

7 - Meditatie

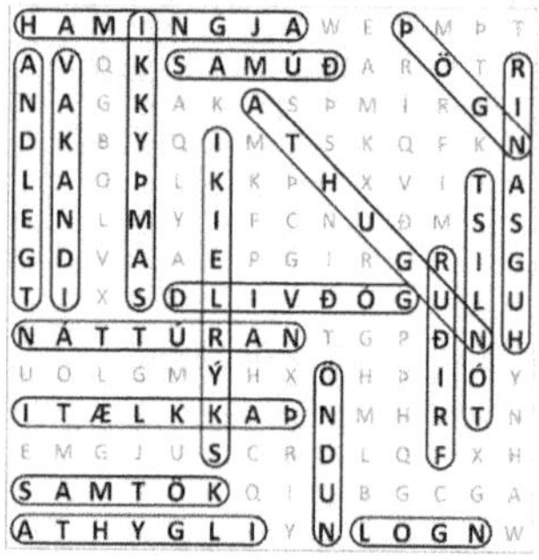

8 - Vogels

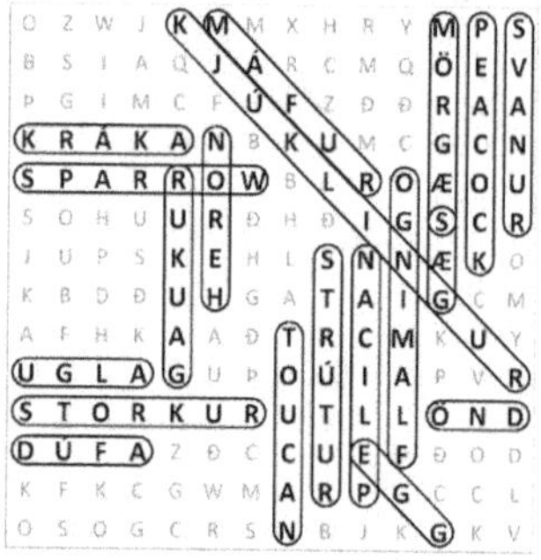

9 - Wiskunde

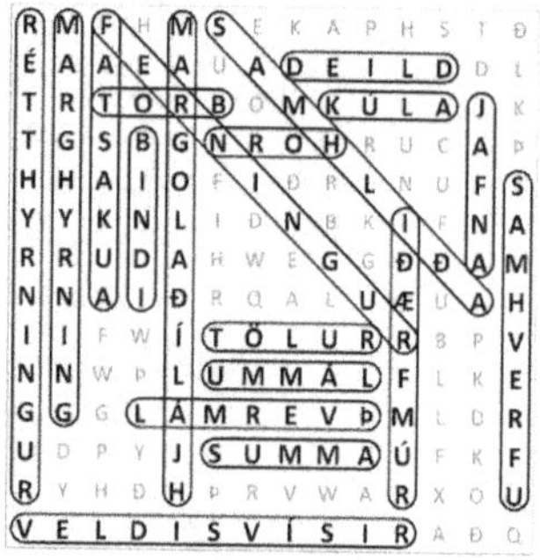

10 - Gezondheid en Welzijn #1

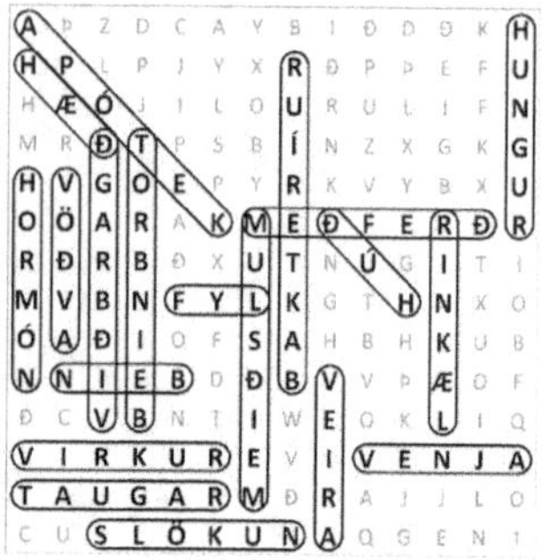

11 - Camping

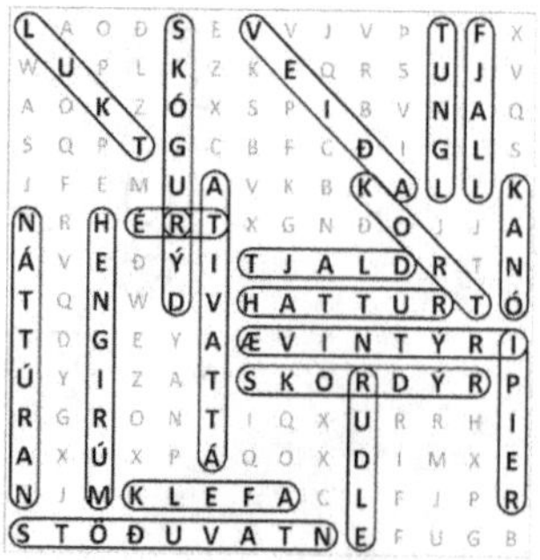

12 - Algebra

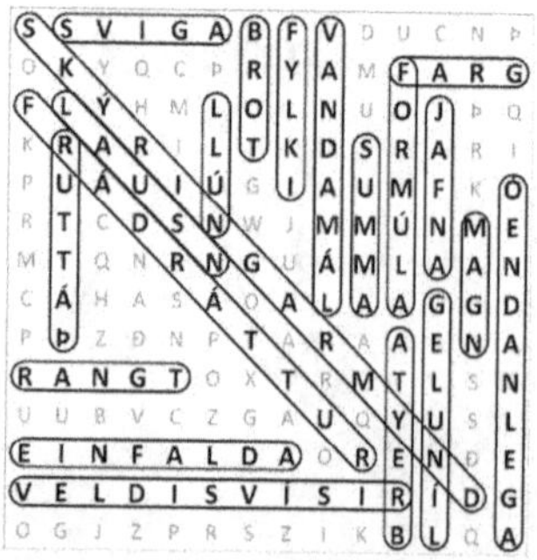

13 - Activiteiten

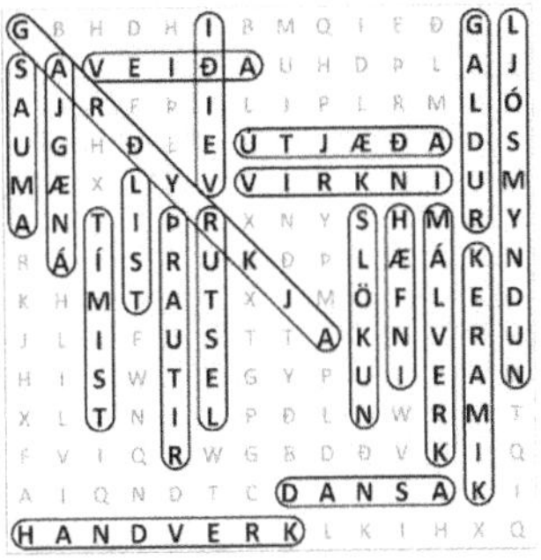

14 - Vormen

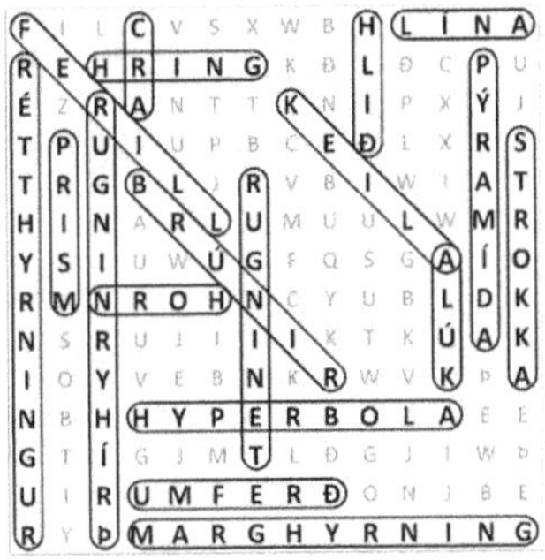

15 - Diplomatie

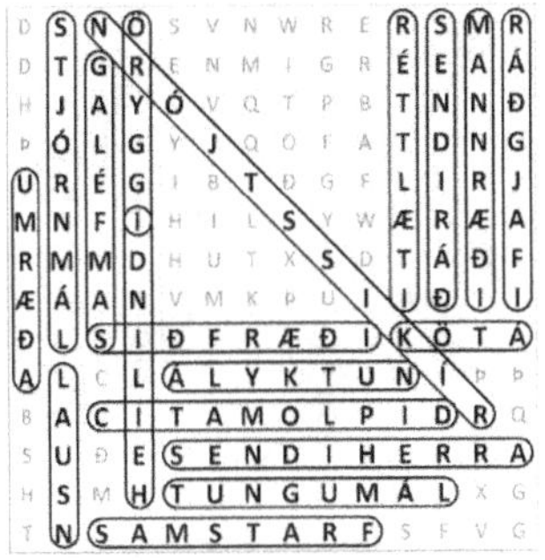

16 - Astronomie

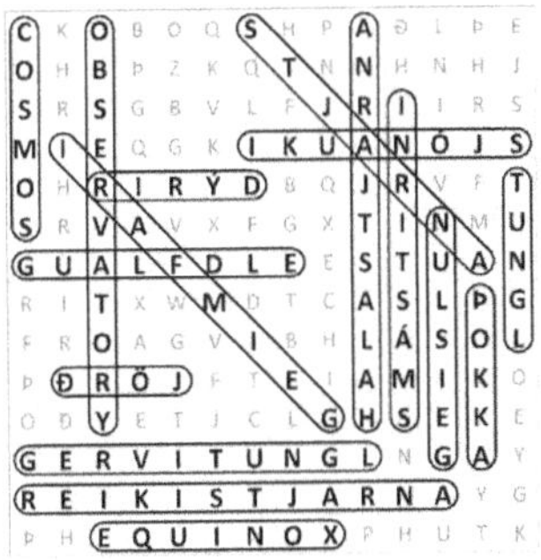

17 - Emoties

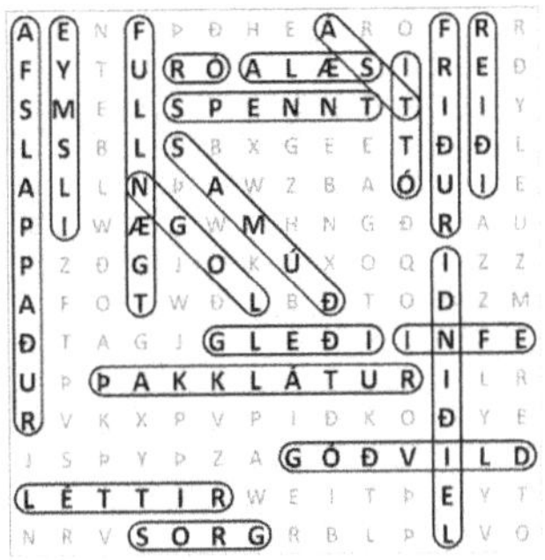

18 - Vakantie #2

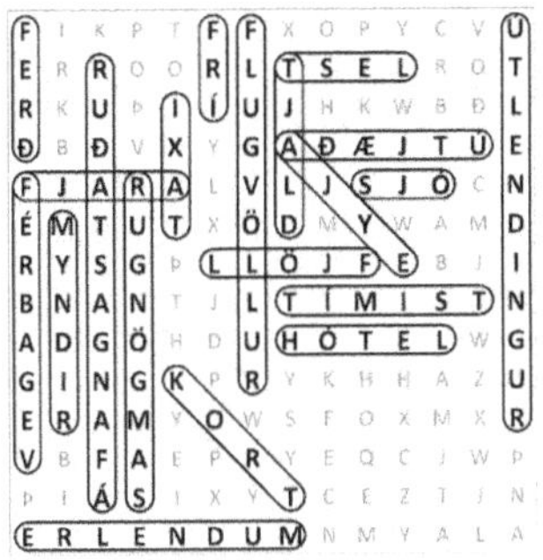

19 - Weersomstandigh

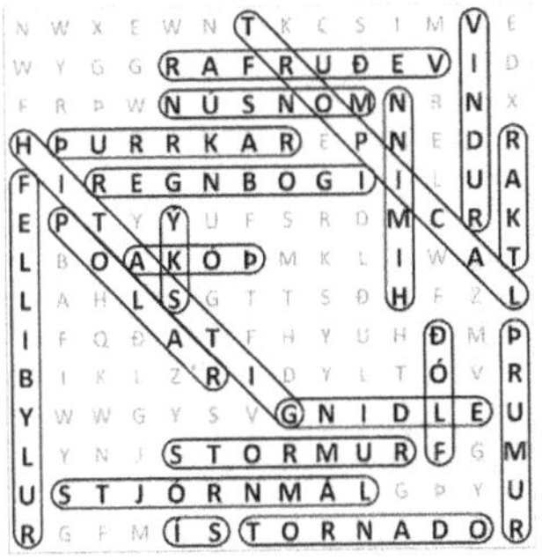

20 - Strand

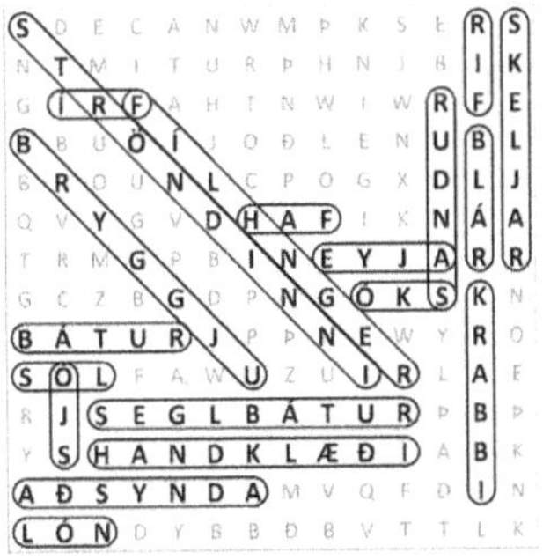

21 - Eten #2

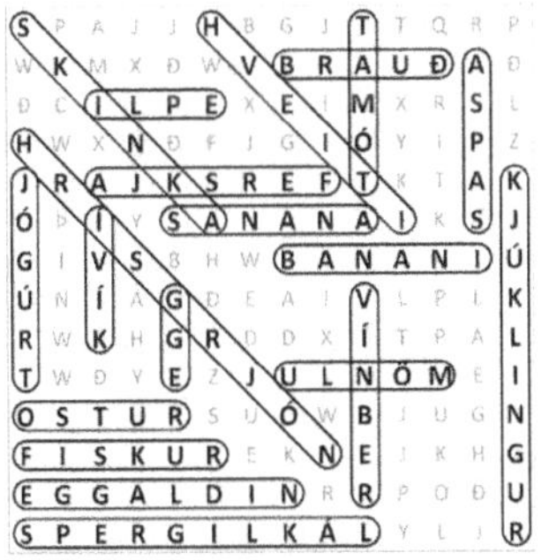

22 - Klimmen

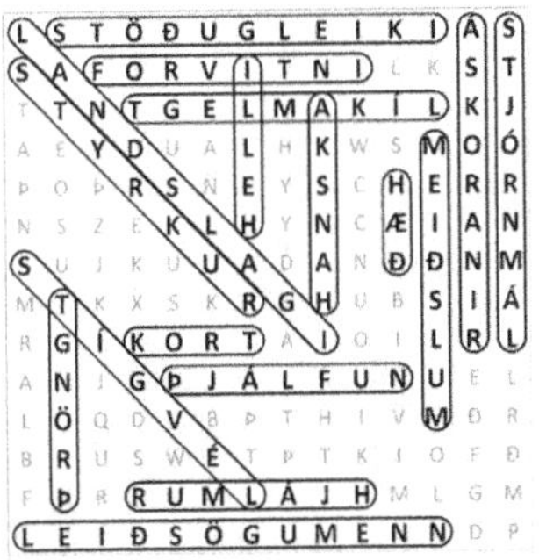

23 - Geologie

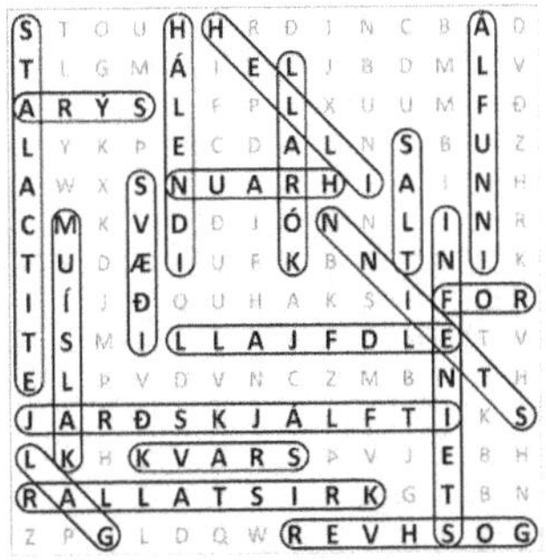

24 - Specerijen

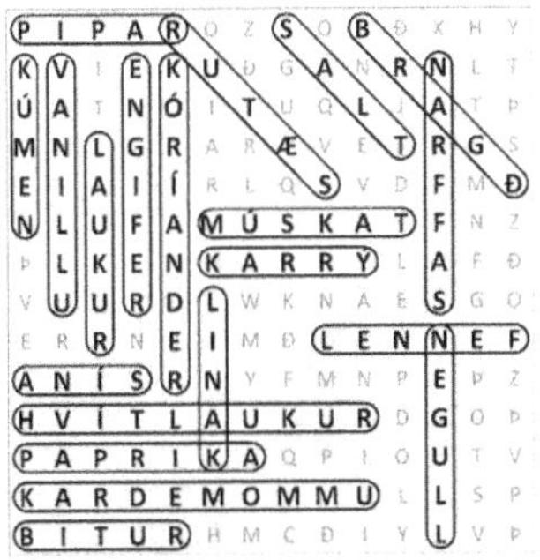

25 - Groenten

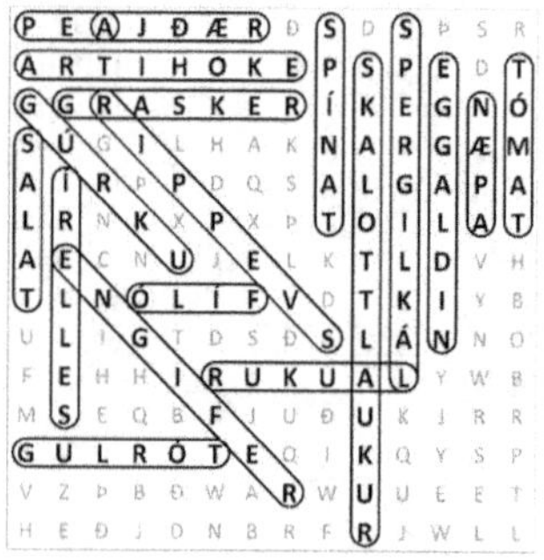

26 - Archeologie

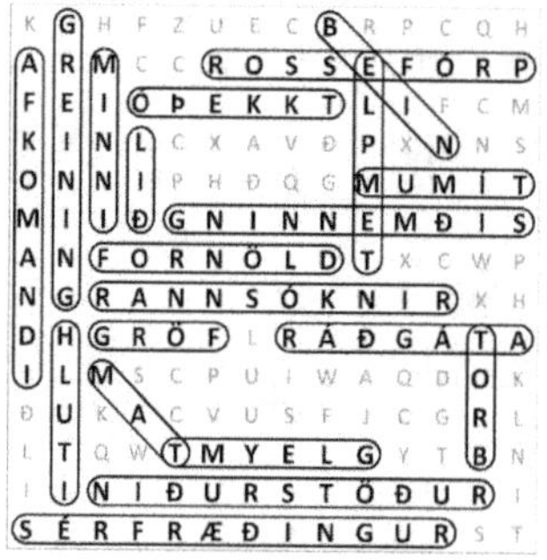

27 - Dans

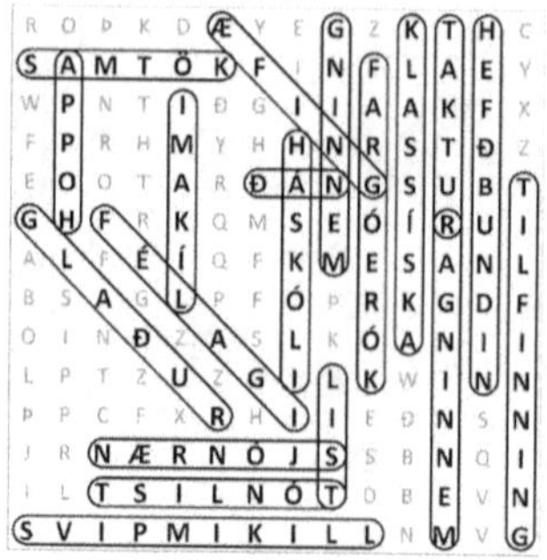

28 - Mythologie

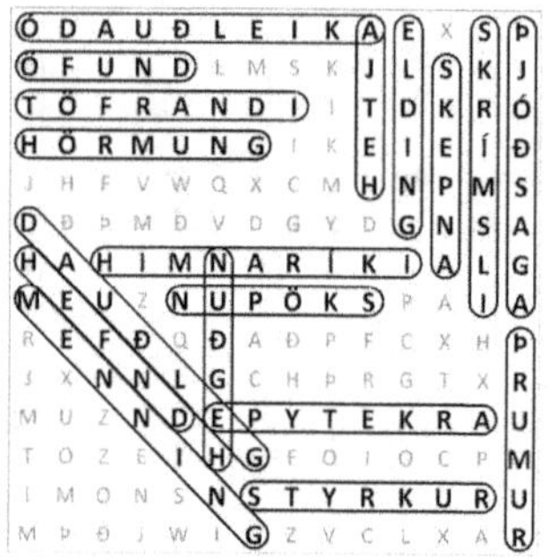

29 - Eten #1

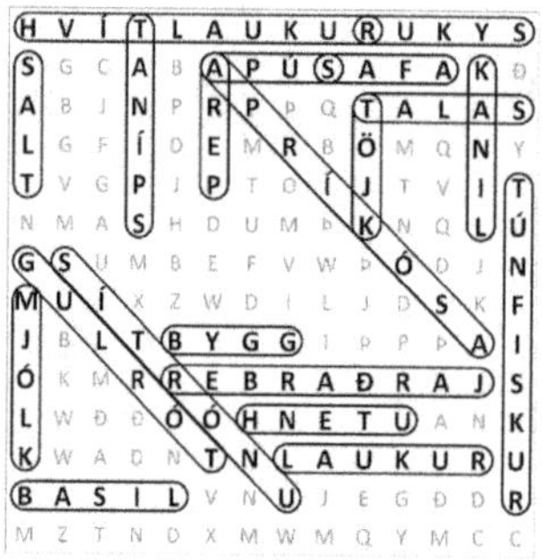

30 - Avontuur

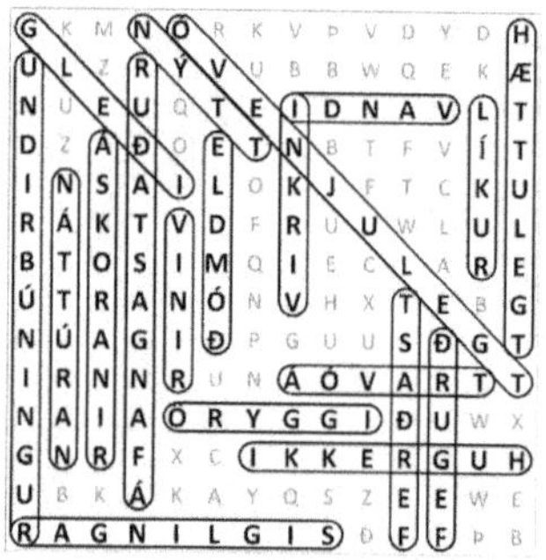

31 - Circus

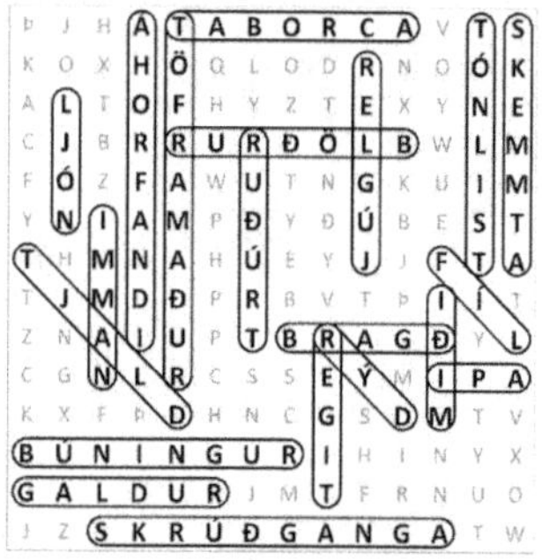

32 - Restaurant #2

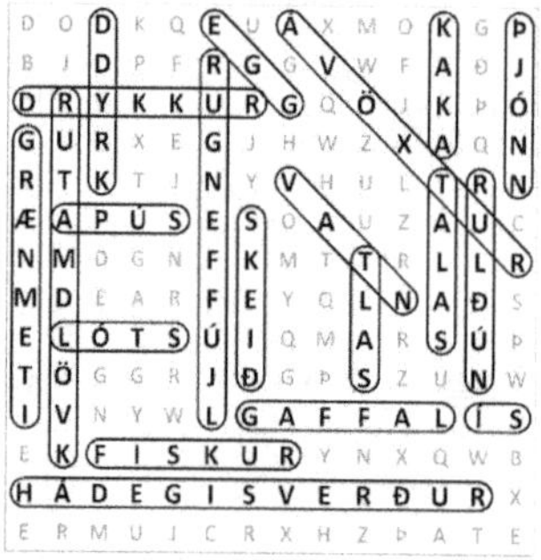

33 - De Media

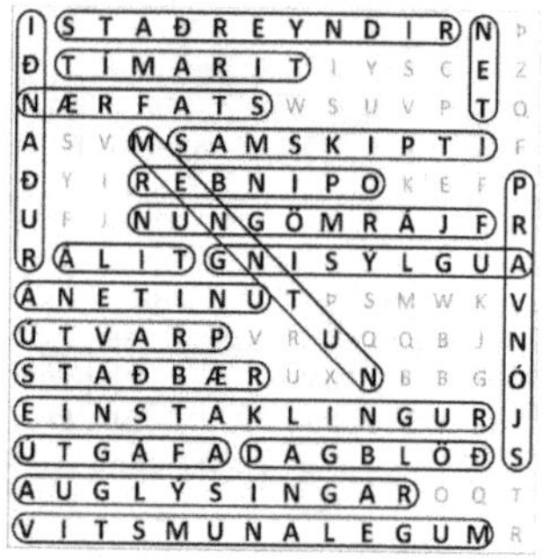

34 - Bijen

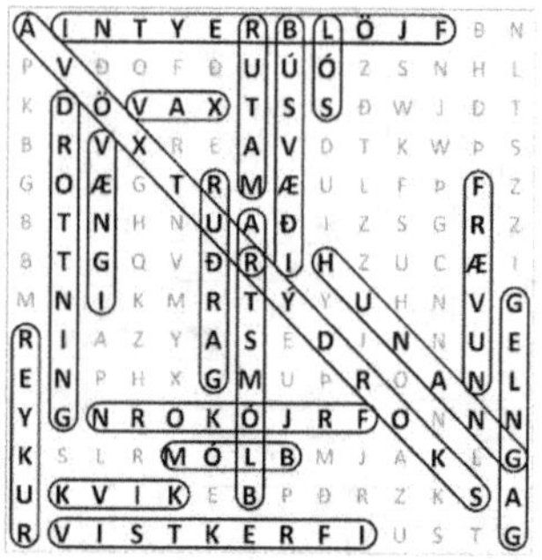

35 - Wandelen

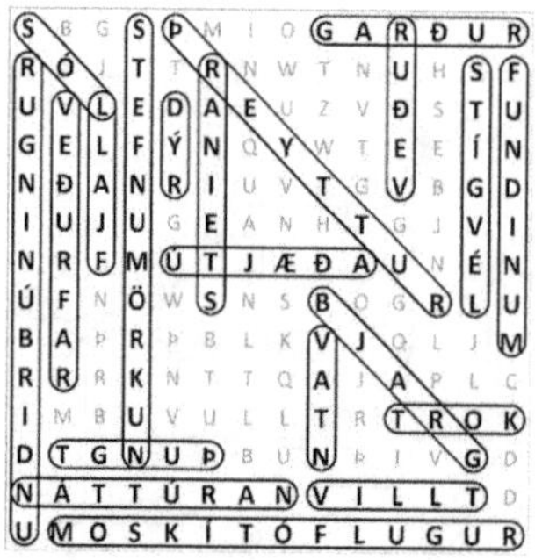

36 - Landen #1

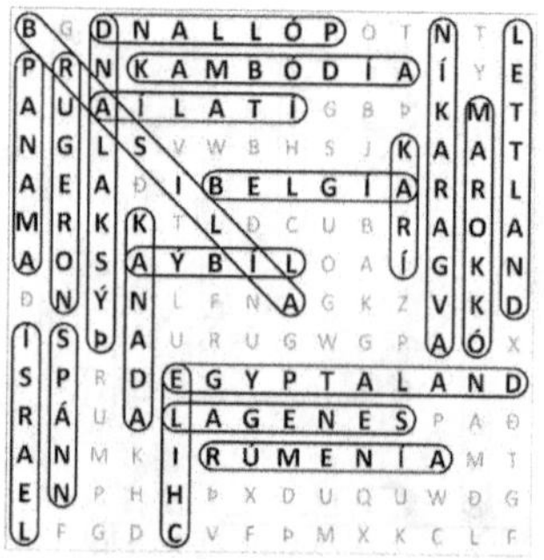

37 - Installaties

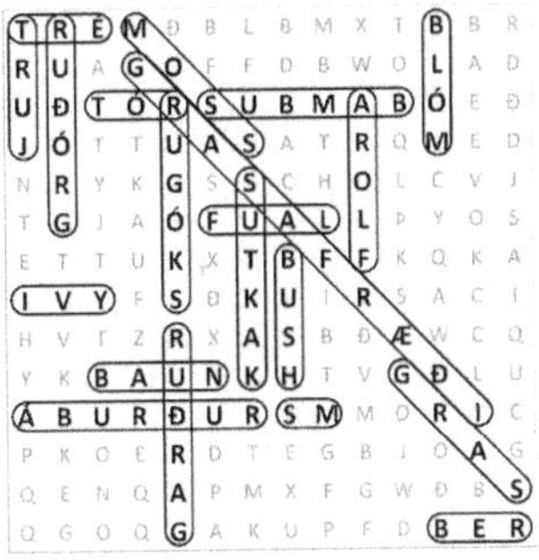

38 - Oceaan

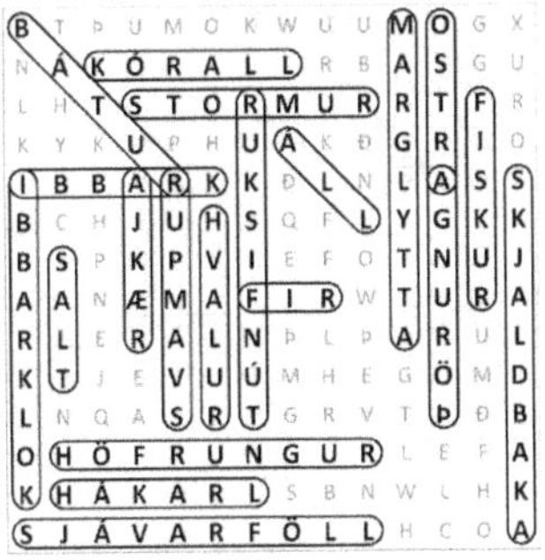

39 - Landen #2

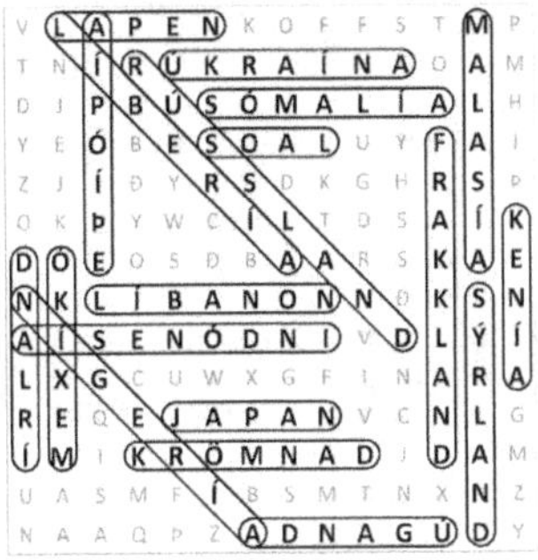

40 - Bloemen

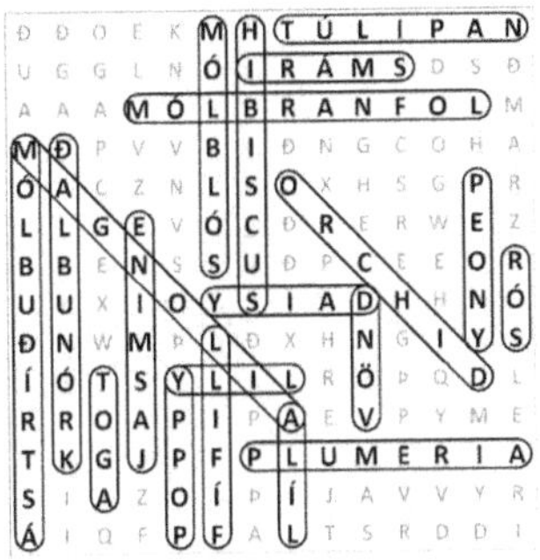

41 - Landschappen

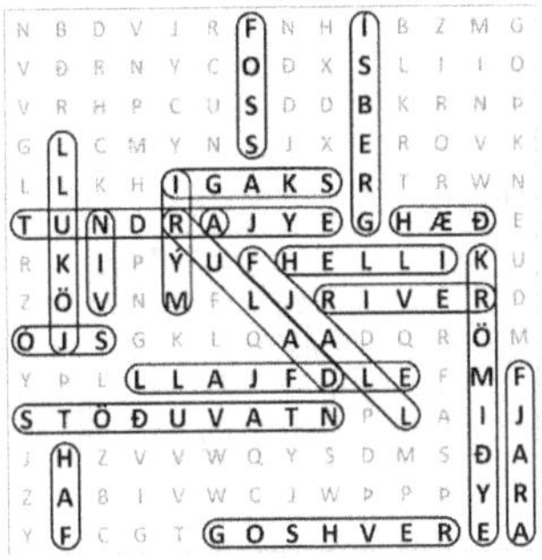

42 - Tuin

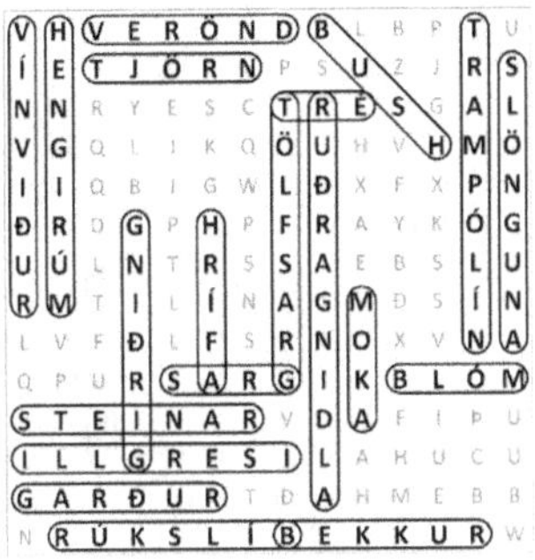

43 - Dagen en Maanden

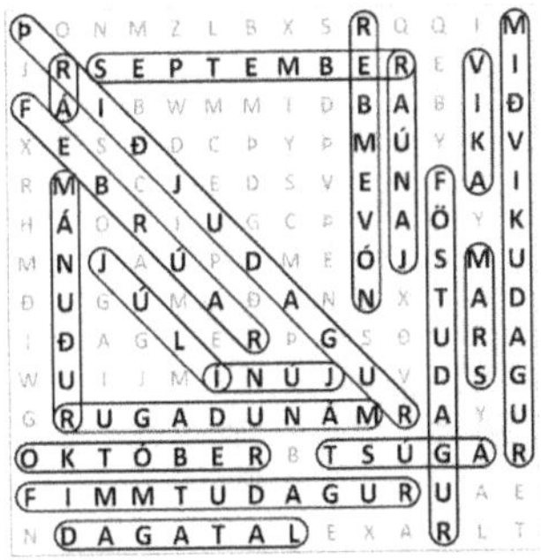

44 - Beeldende Kunsten

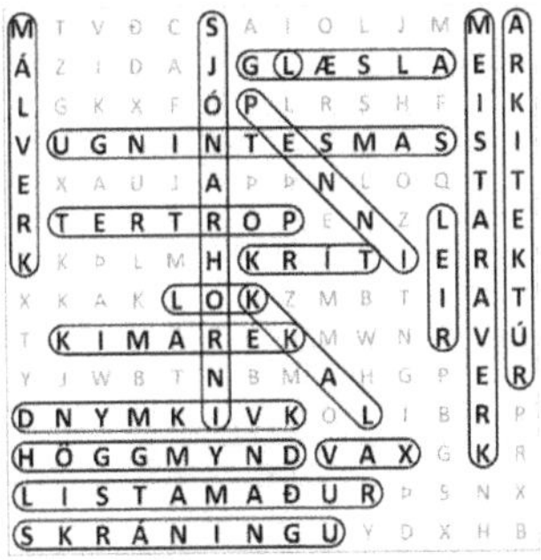

45 - Mode

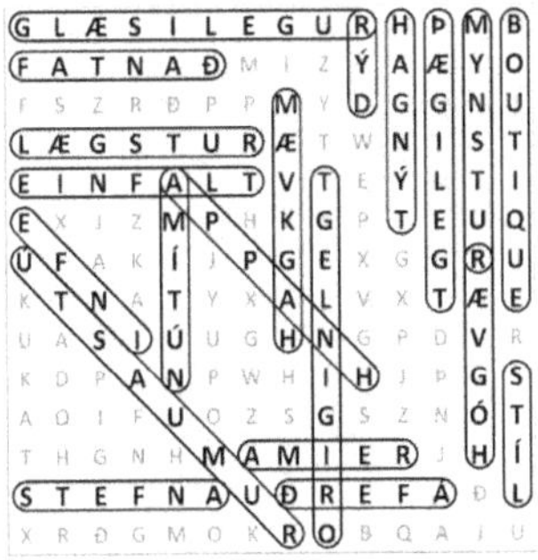

46 - Tuinieren

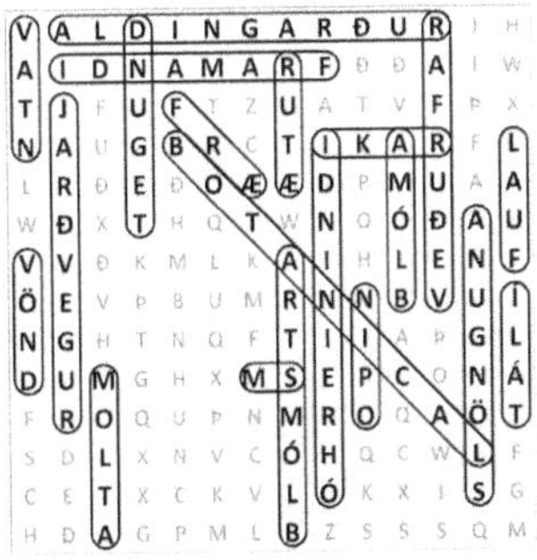

47 - Menselijk Lichaam

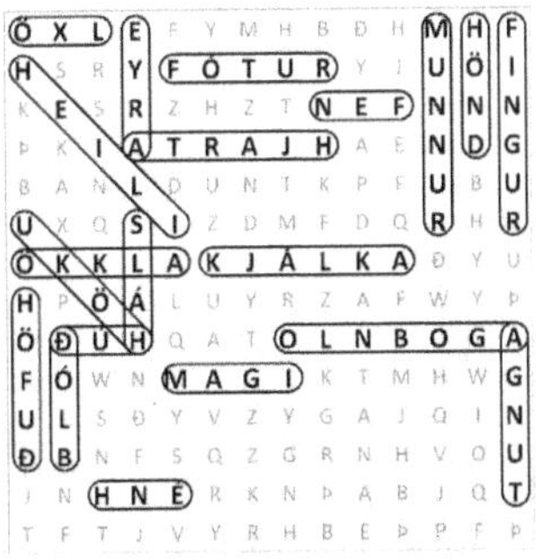

48 - Energie

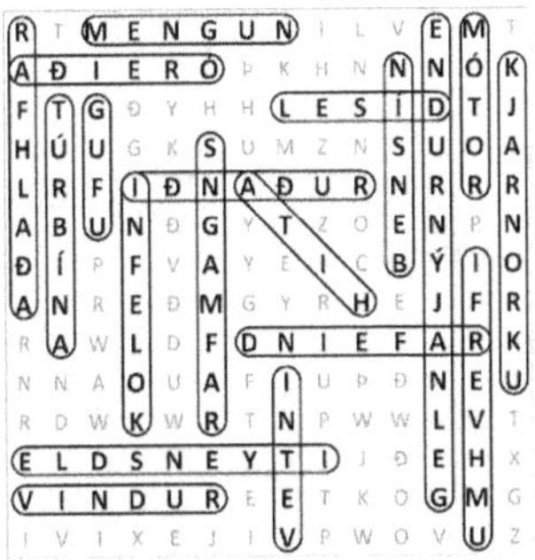

49 - Familie

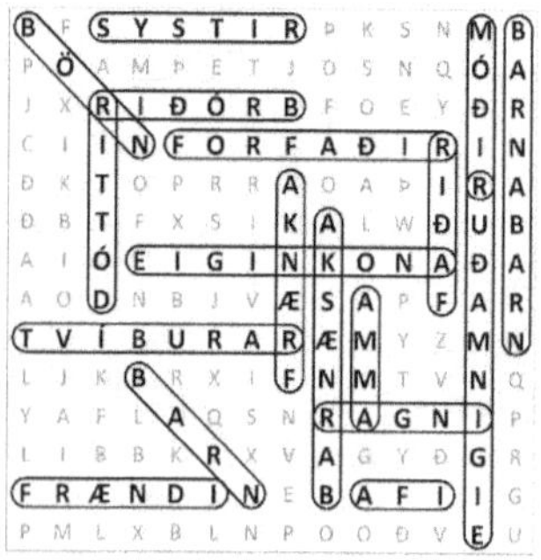

50 - Gebouwen

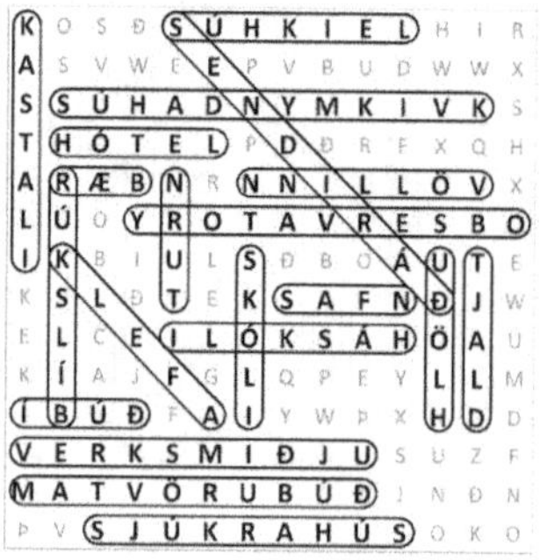

51 - Kunst

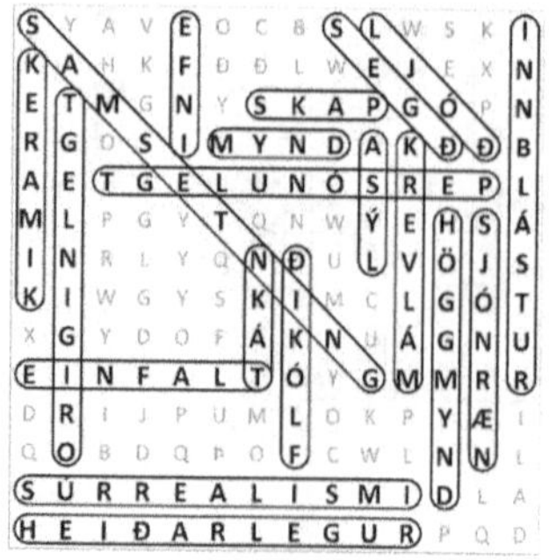

52 - Beroepen #1

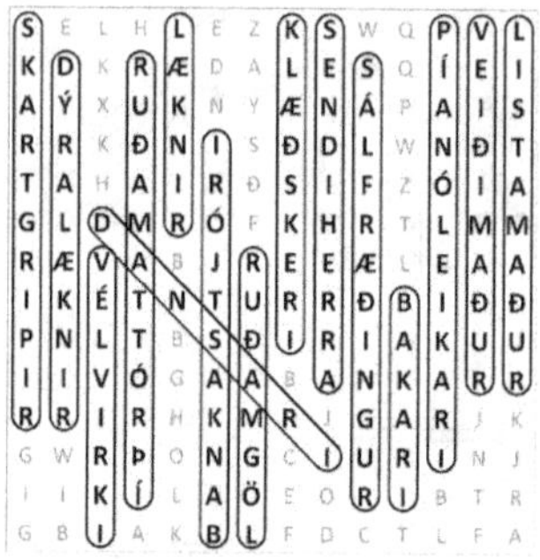

53 - Antarctica

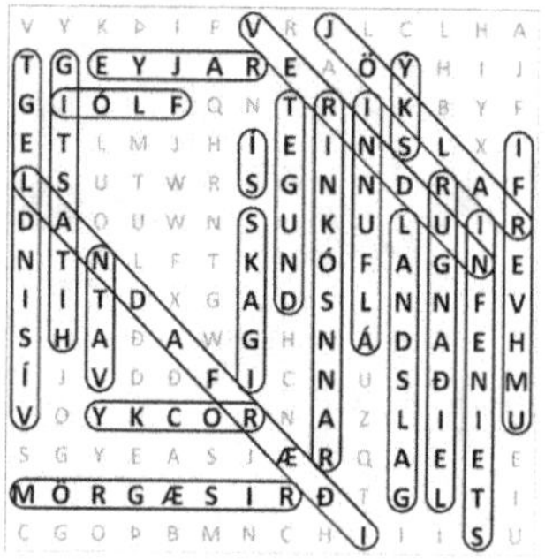

54 - Ballet

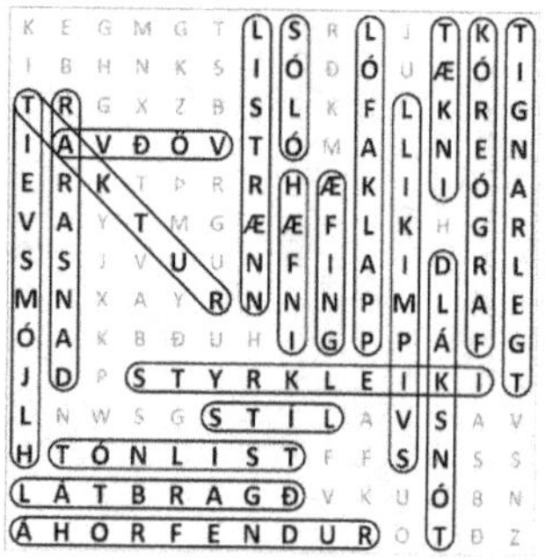

55 - Fruit

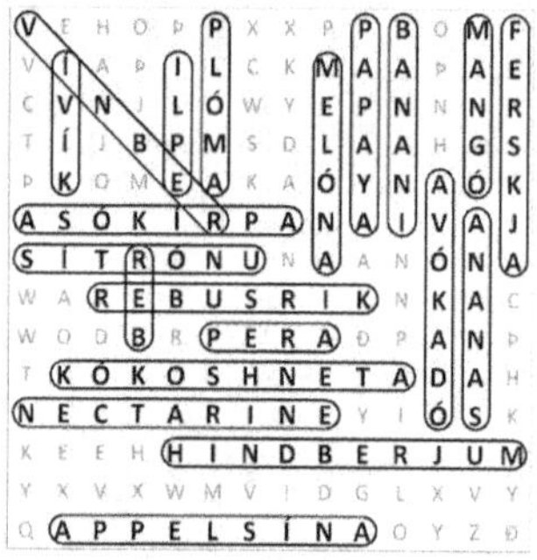

56 - Engineering

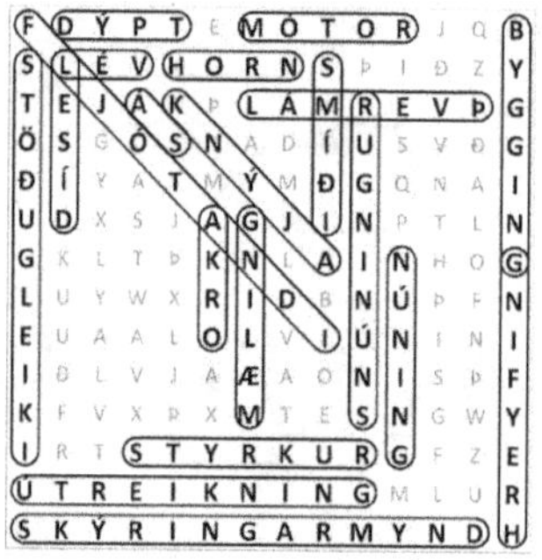

57 - Literatuur

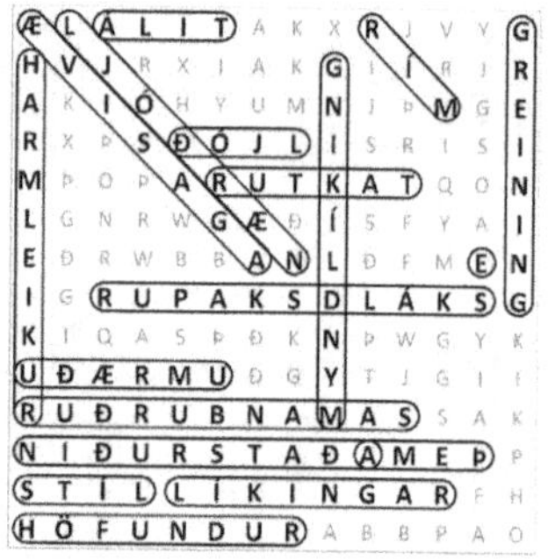

58 - Boeken

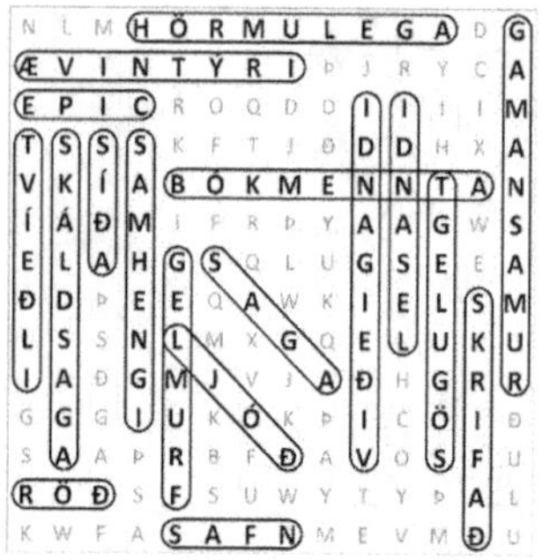

59 - Meer Informatie

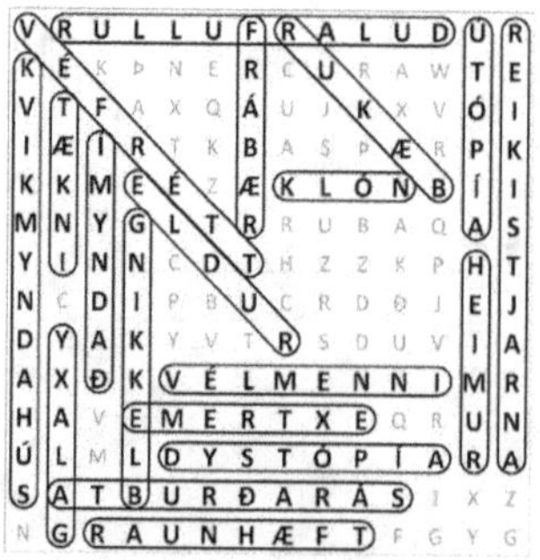

60 - Regenwoud

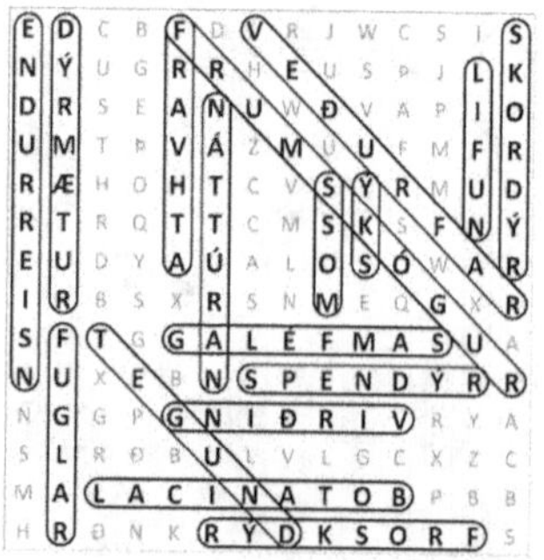

61 - Haartypes

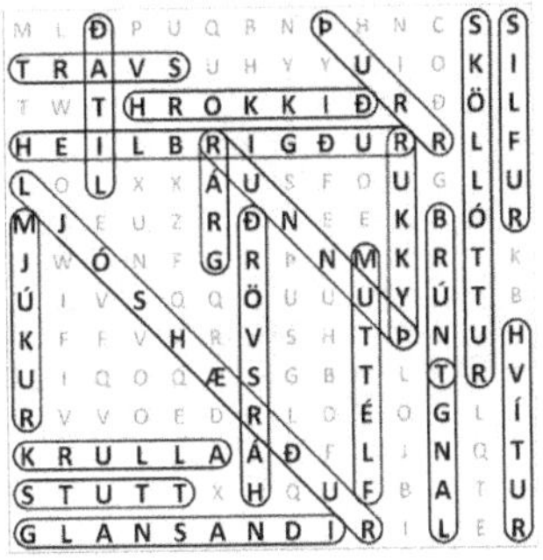

62 - Stad

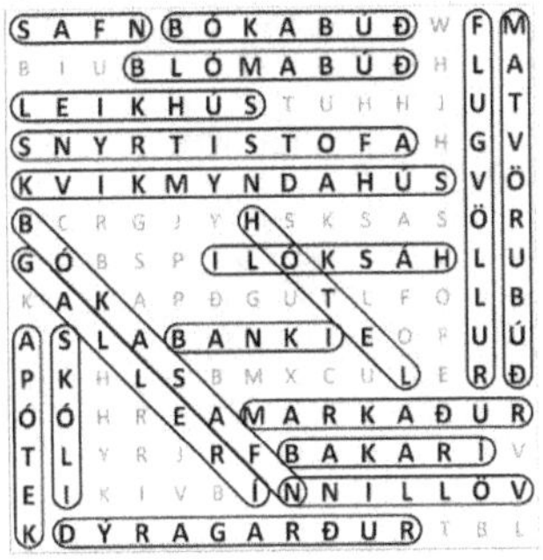

63 - Creativiteit

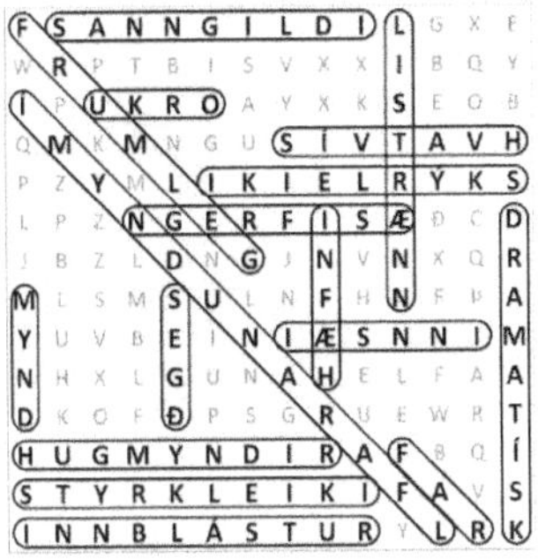

64 - Natuur

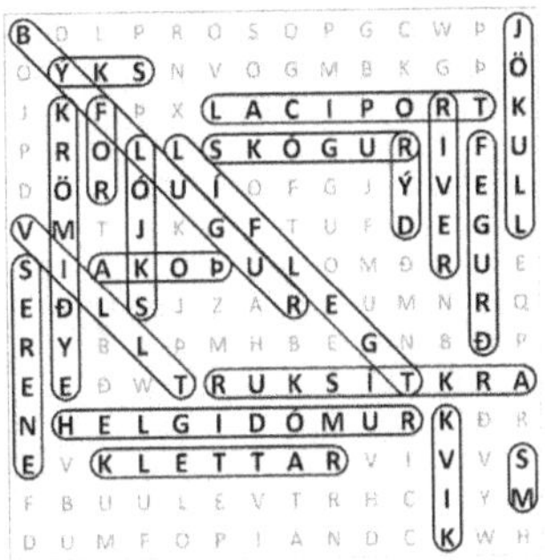

65 - Zoogdieren

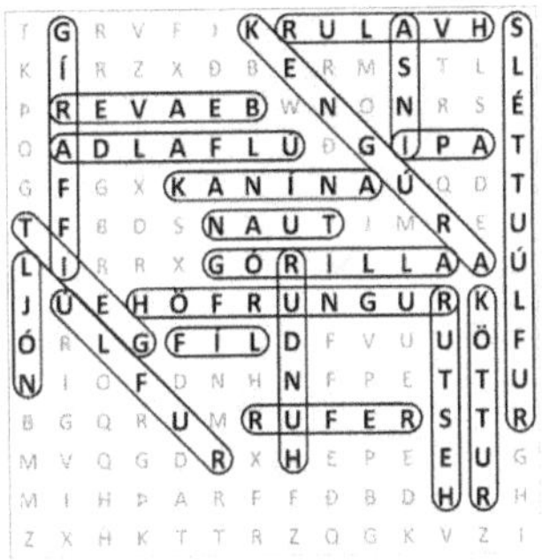

66 - Overheid

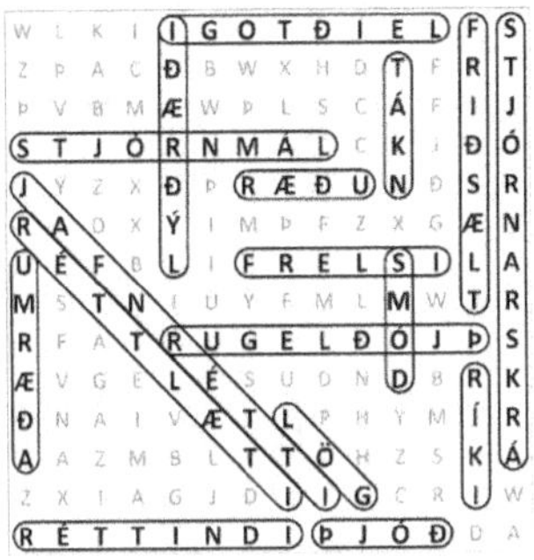

67 - Voertuigen

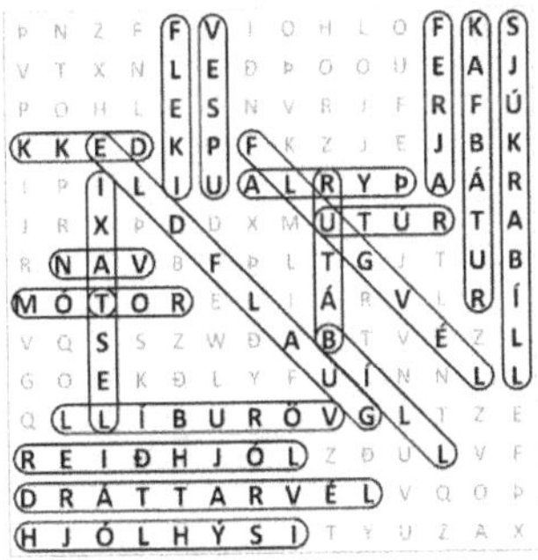

68 - Geografie

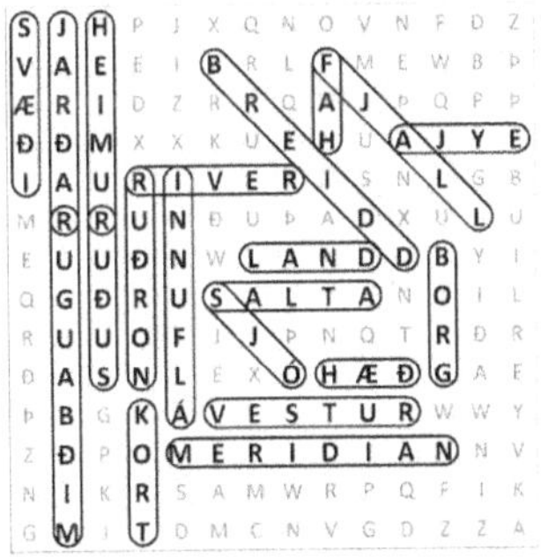

69 - Kunstbenodigdhe

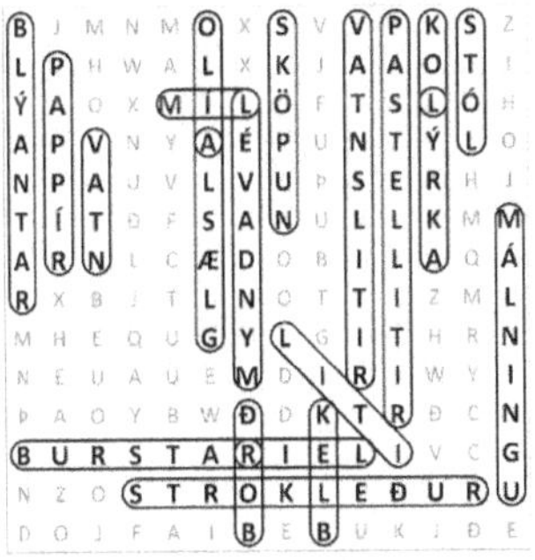

70 - Barbecues

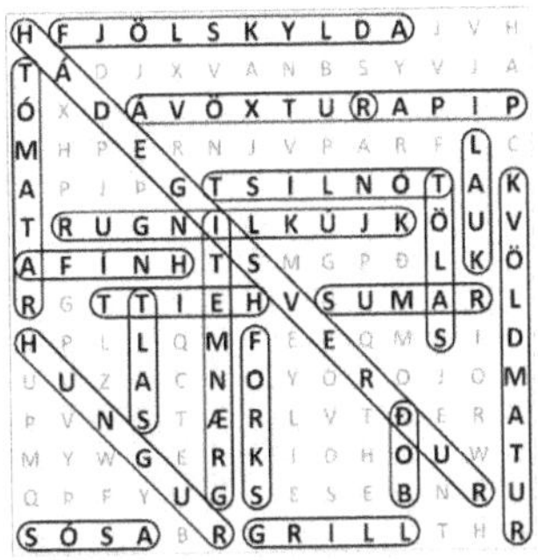

71 - Schoonheid

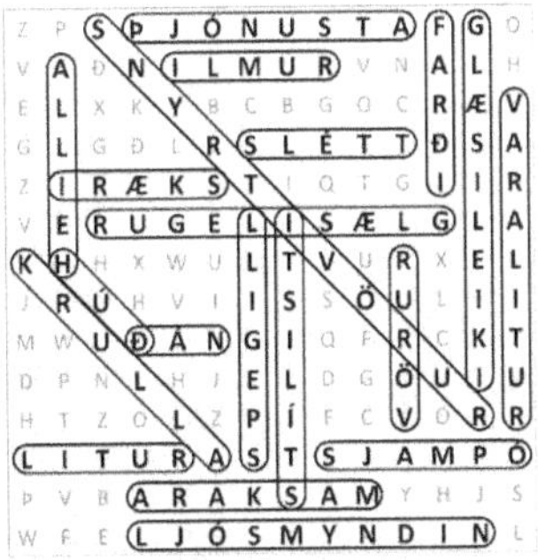

72 - Wetenschappelijk

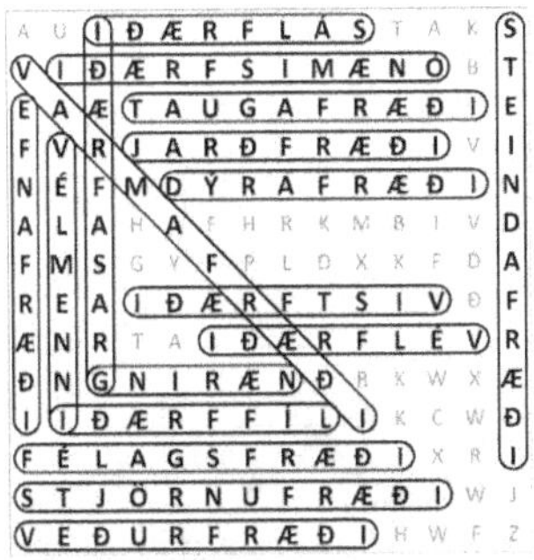

73 - Bijvoeglijke Naamwoorden

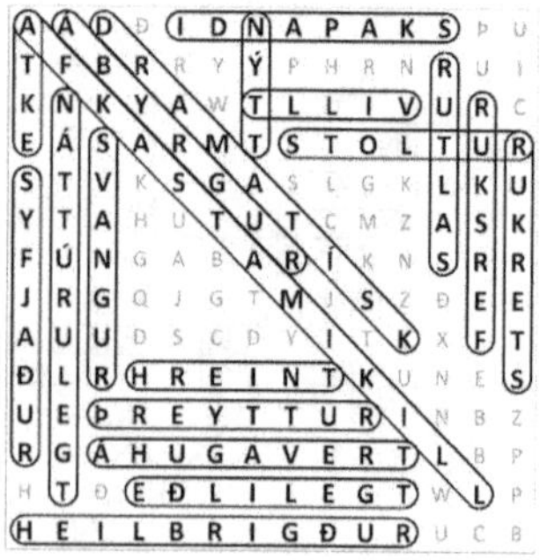

74 - Kleding

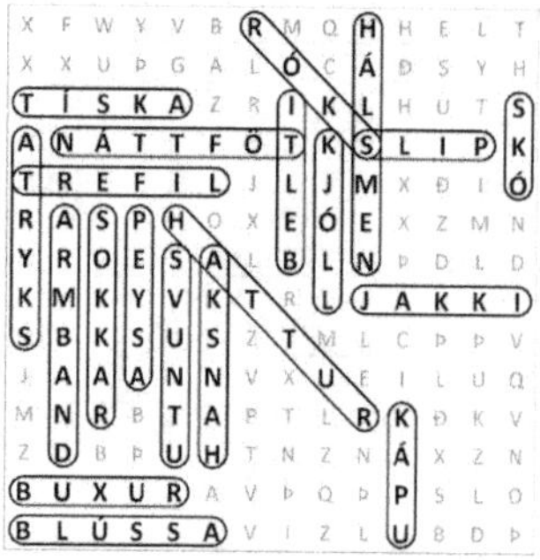

75 - Vliegtuigen

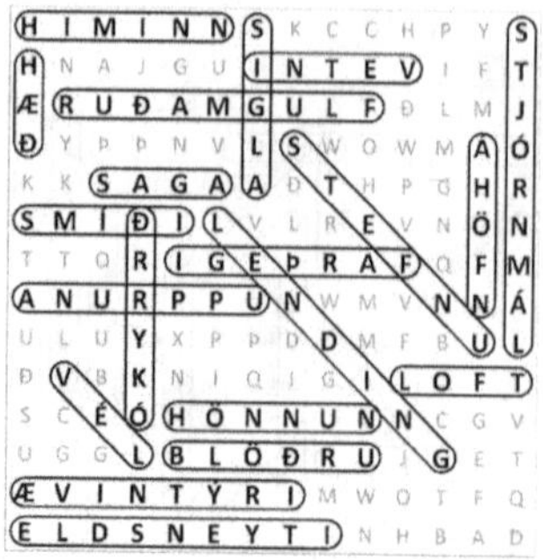

76 - Herbalisme

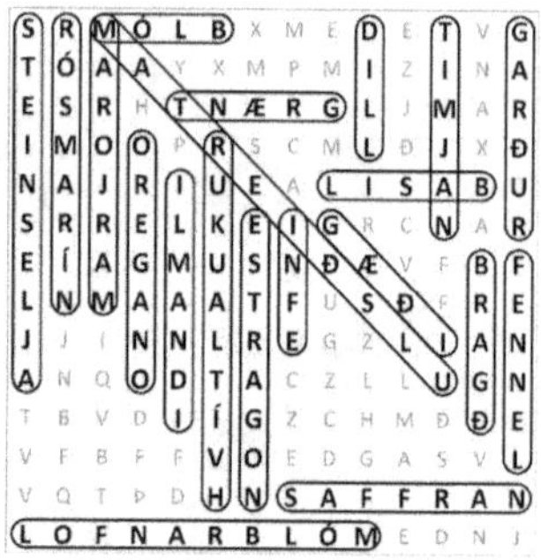

77 - Kracht en Zwaartekracht

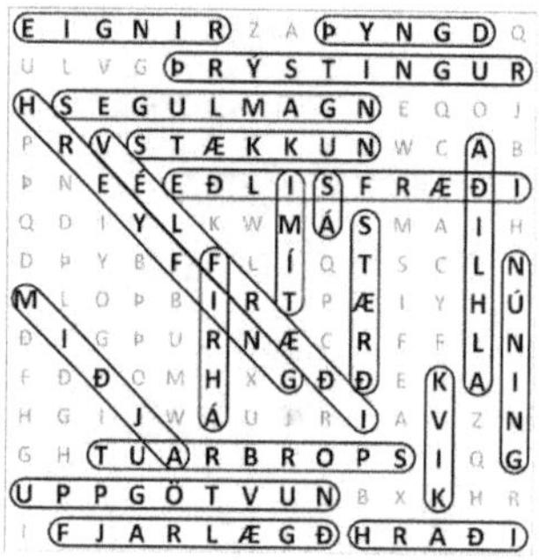

78 - Het Bedrijf

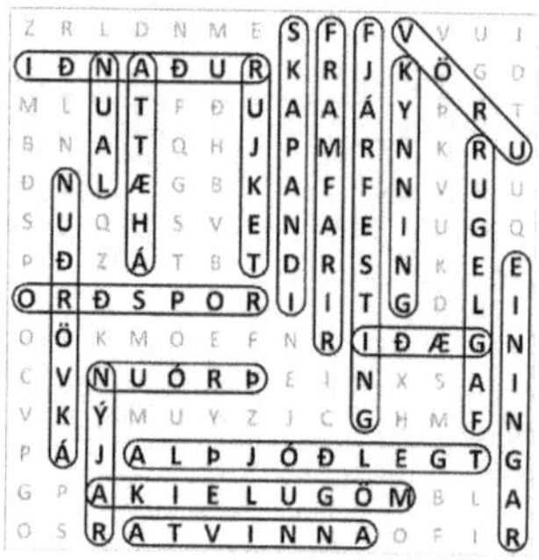

79 - Rijden

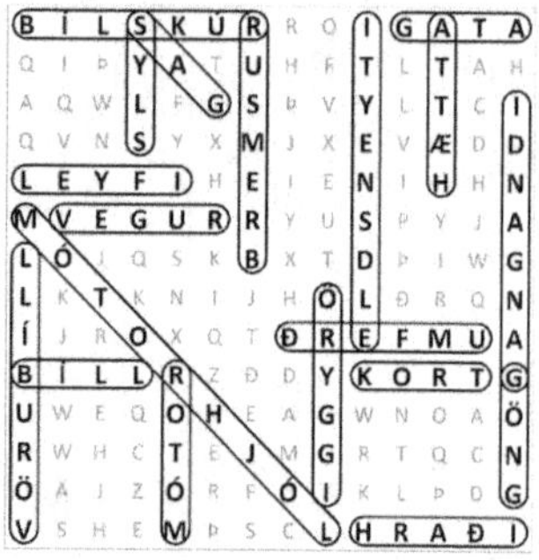

80 - Natuurkunde

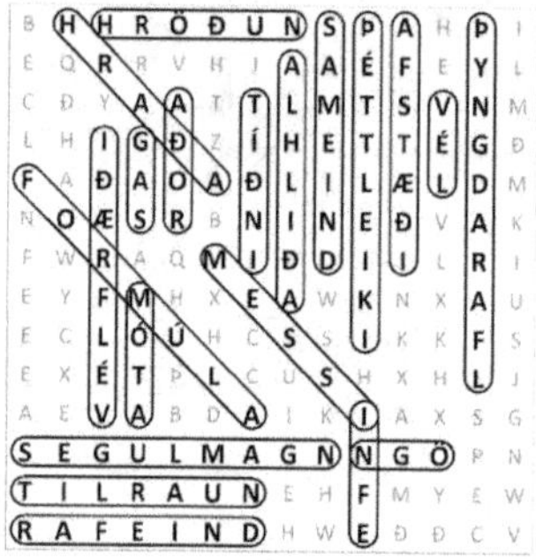

81 - Muziekinstrument

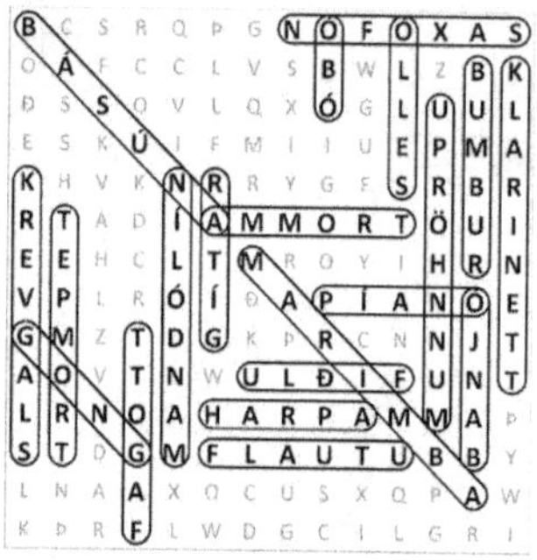

82 - Ethiek

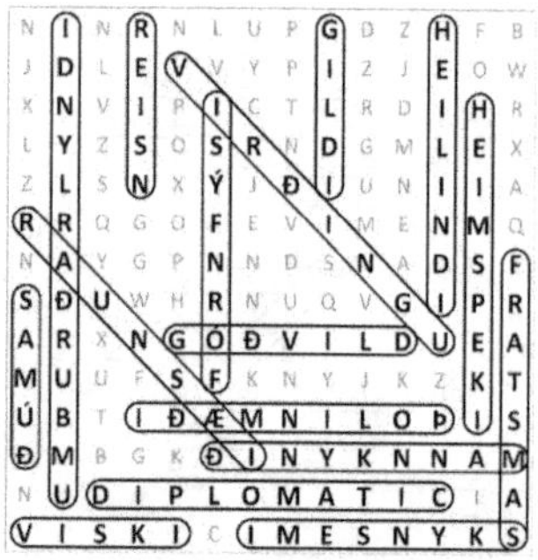

83 - Antiek

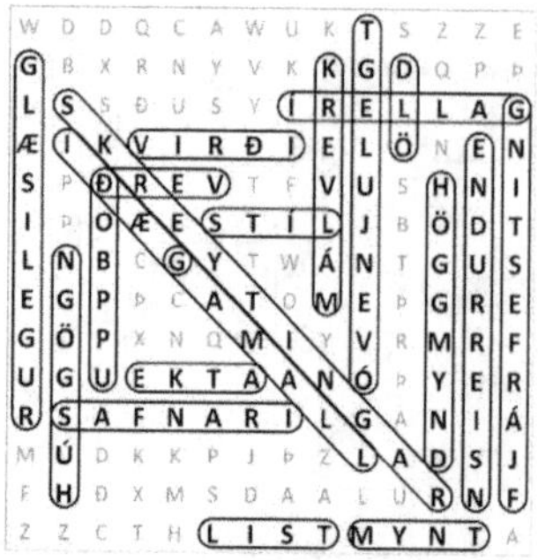

84 - Activiteiten en Vrije Ti

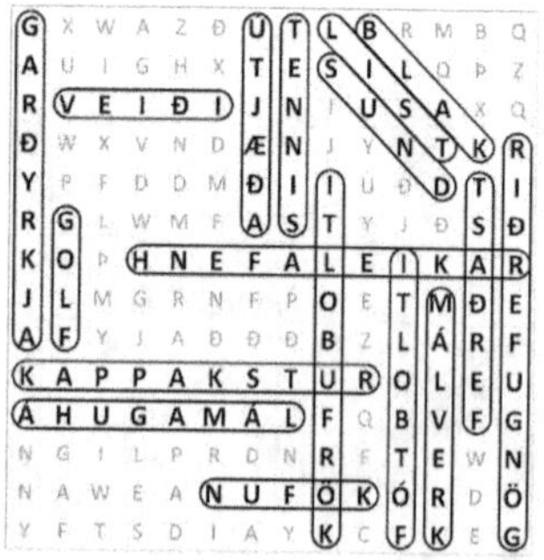

85 - Water

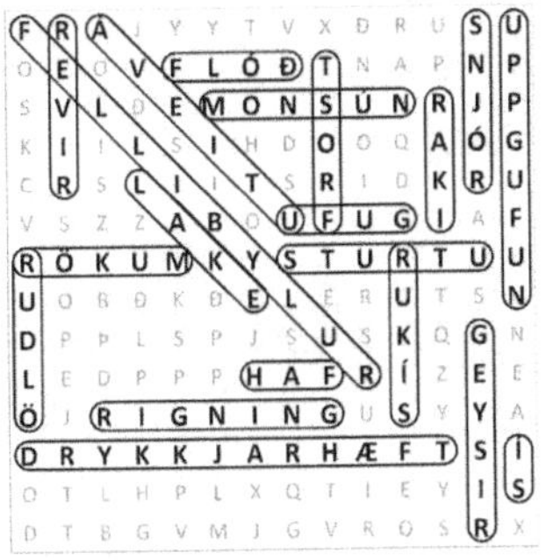

86 - Koffie

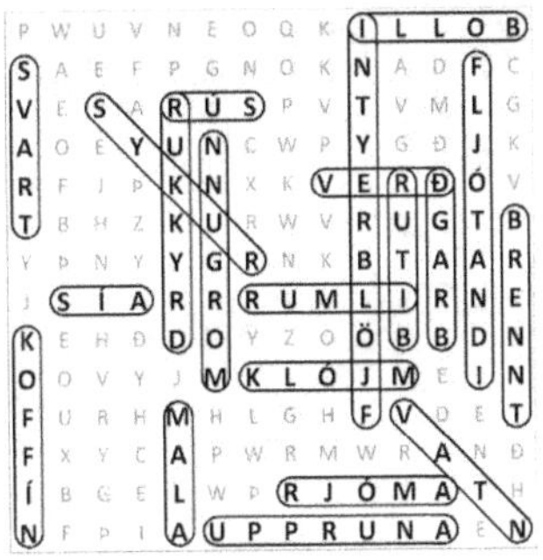

87 - Schaken

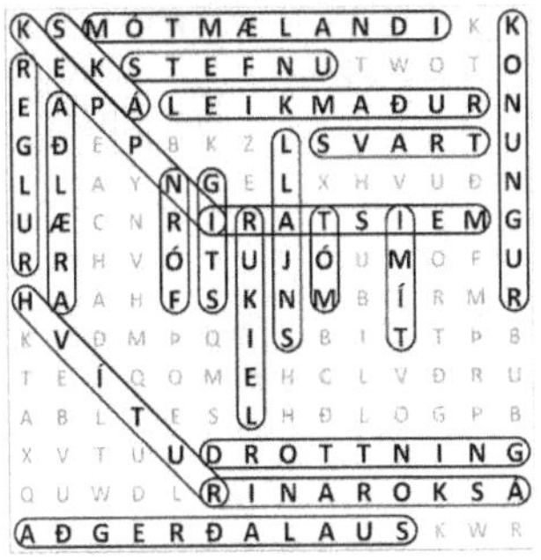

88 - Boerderij #1

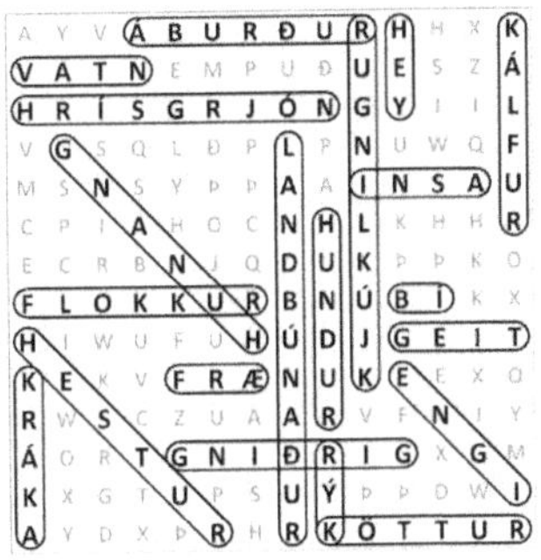

89 - Huis

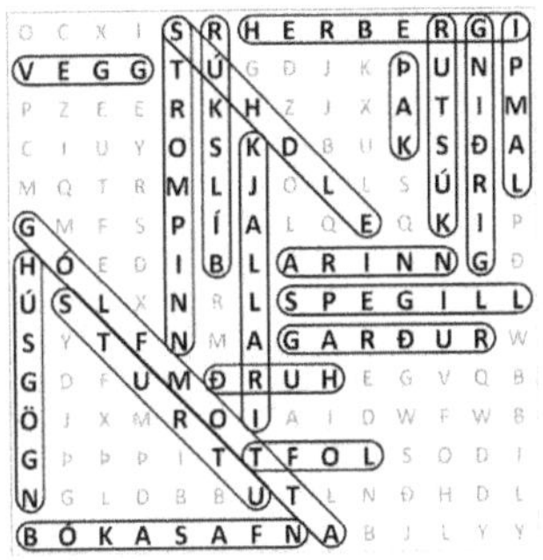

90 - Geometrie

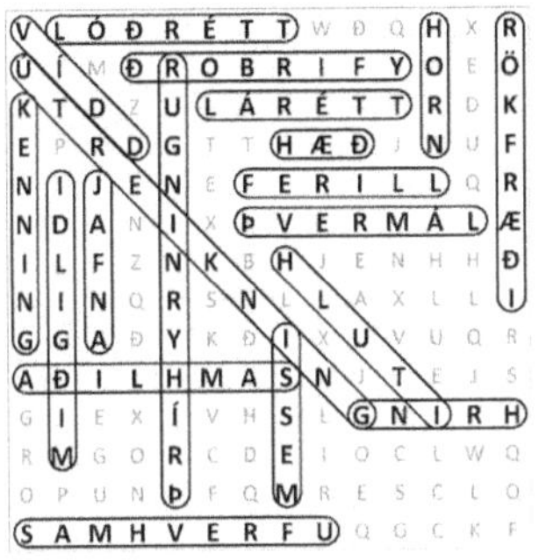

91 - Jazz

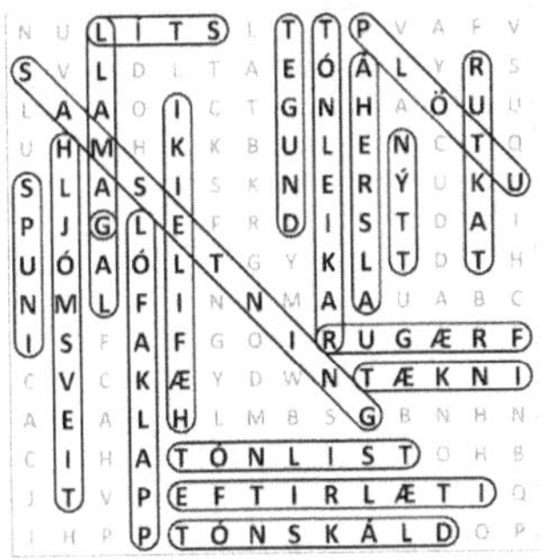

92 - Getallen

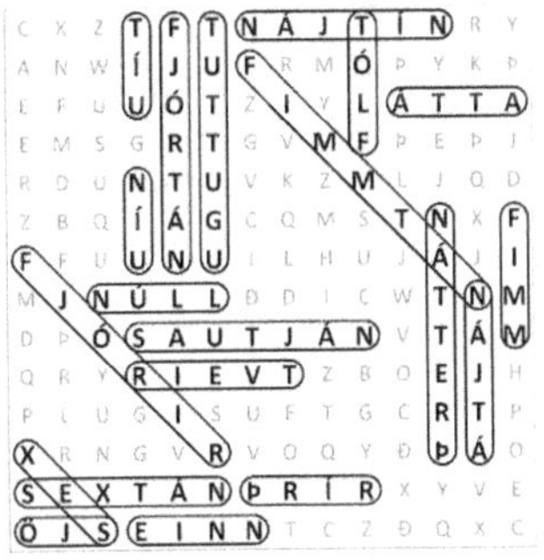

93 - Boksen

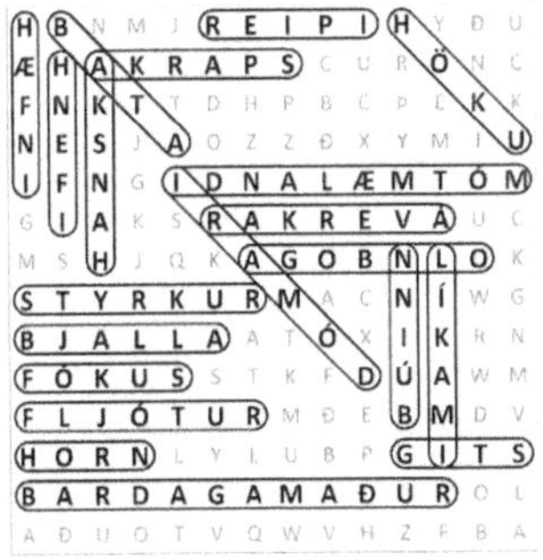

94 - Boerderij #2

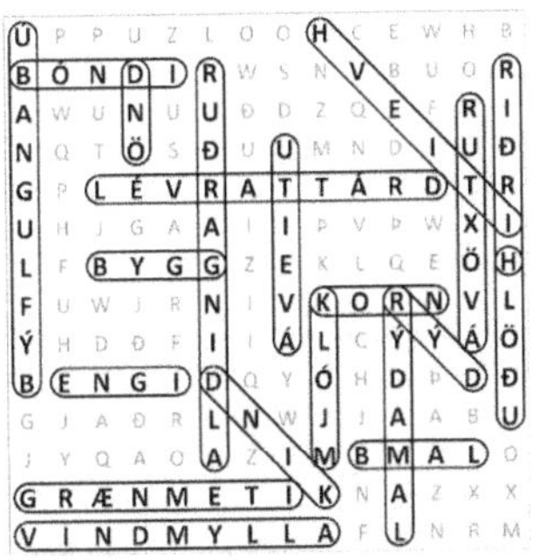

95 - Psychologie

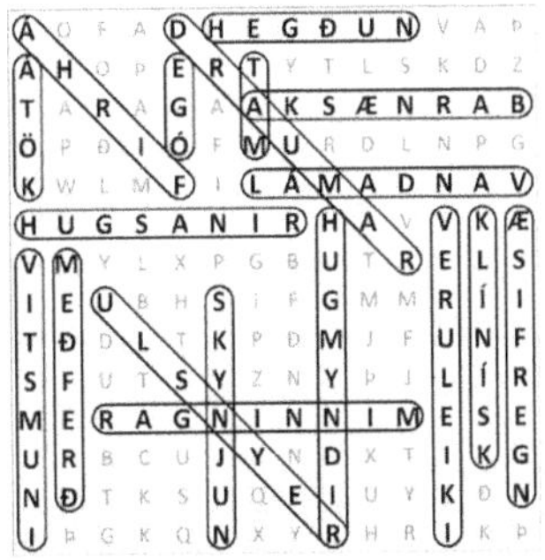

96 - Elektriciteit

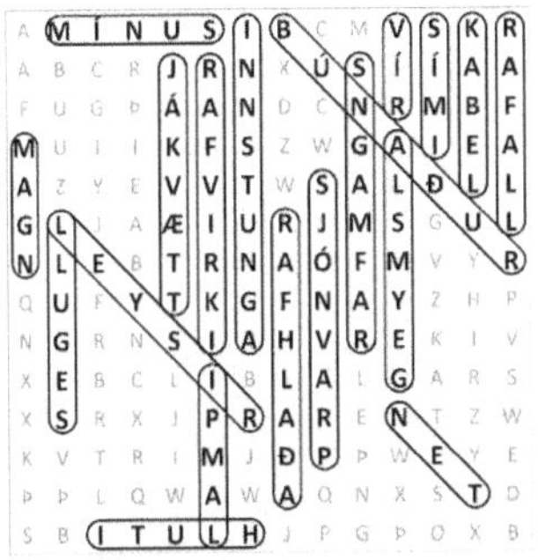

97 - Zakelijk

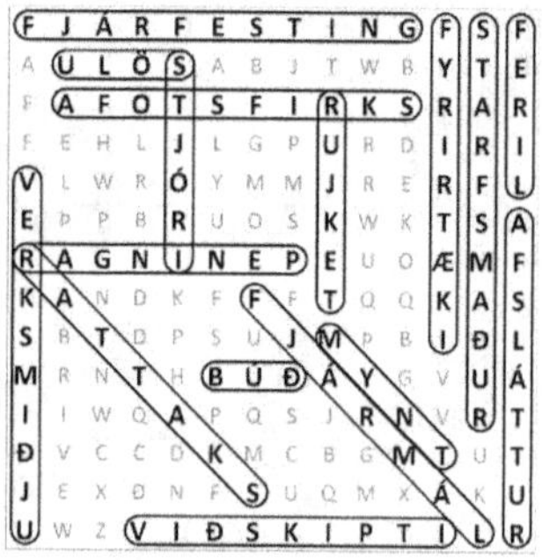

98 - Voeding

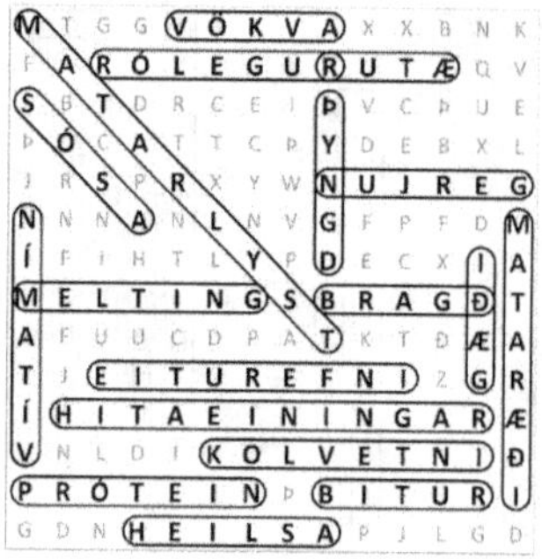

99 - Chemie

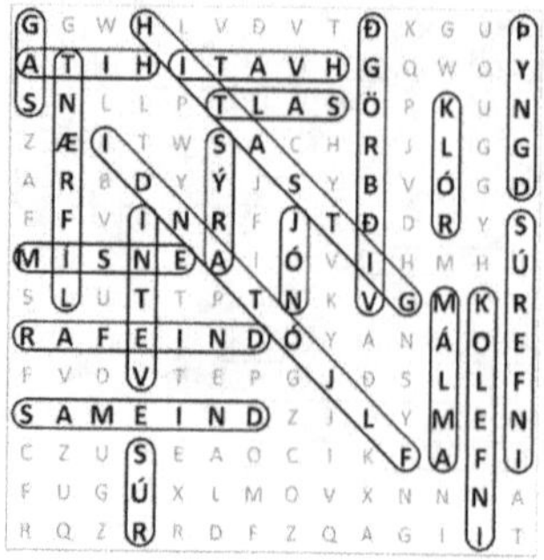

Woordenboek

Activiteiten
Starfsemi

Activiteit	Virkni
Ambachten	Handverk
Dansen	Dansa
Fotografie	Ljósmyndun
Hengelsport	Veiði
Jacht	Veiða
Kamperen	Útjæða
Keramiek	Keramik
Kunst	List
Lezen	Lestur
Magie	Galdur
Naaien	Sauma
Ontspanning	Slökun
Plezier	Ánægja
Puzzels	Þrautir
Schilderij	Málverk
Tuinieren	Garðyrkja
Vaardigheid	Hæfni
Vrije Tijd	Tímist
Wandelen	Gönguferðir

Activiteiten en Vrije Ti
Starfsemi og Tómstundir

Basketbal	Körfubolti
Boksen	Hnefaleikar
Duiken	Köfun
Golf	Golf
Hengelsport	Veiði
Hobby	Áhugamál
Honkbal	Hafnabolti
Kamperen	Útjæða
Kunst	List
Ontspannen	Afslappandi
Racen	Kappakstur
Reis	Ferðast
Schilderij	Málverk
Tennis	Tennis
Tuinieren	Garðyrkja
Voetbal	Fótbolti
Volleybal	Blak
Wandelen	Gönguferðir
Zwemmen	Sund

Algebra
Algebru

Aftrekken	Frádráttur
Diagram	Skýringarmynd
Exponent	Veldisvísir
Factor	Þáttur
Formule	Formúla
Fractie	Brot
Grafiek	Graf
Haakje	Sviga
Hoeveelheid	Magn
Lineair	Línuleg
Matrix	Fylki
Nul	Núll
Oneindig	Óendanlega
Oplossing	Lausn
Probleem	Vandamál
Som	Summa
Vals	Rangt
Variabele	Breyta
Vereenvoudigen	Einfalda
Vergelijking	Jafna

Antarctica
Suðurskautslandið

Baai	Flói
Behoud	Verndun
Continent	Álfunni
Eilanden	Eyjar
Expeditie	Leiðangur
Geografie	Landafræði
Gletsjers	Jöklar
Ijs	Ís
Mineralen	Steinefni
Omgeving	Umhverfi
Onderzoeker	Rannsóknir
Pinguïn	Mörgæsir
Rotsachtig	Rocky
Schiereiland	Skagi
Soort	Tegund
Temperatuur	Hitastig
Topografie	Landslag
Water	Vatn
Wetenschappelij k	Vísindlegt
Wolken	Ský

Antiek
Fornminjar

Authentiek	Ekta
Beeldhouwwerk	Höggmynd
Decoratief	Skreytingar
Eeuw	Öld
Elegant	Glæsilegur
Galerij	Gallerí
Investering	Fjárfesting
Kunst	List
Kwaliteit	Gæði
Meubilair	Húsgögn
Munten	Mynt
Ongewoon	Óvenjulegt
Oud	Gamall
Prijs	Verð
Restauratie	Endurreisn
Schilderijen	Málverk
Stijl	Stíl
Veiling	Uppboð
Verzamelaar	Safnari
Waarde	Virði

Archeologie
Fornleifafræði

Analyse	Greining
Beschaving	Siðmenning
Bevindingen	Niðurstöður
Botten	Bein
Deskundige	Sérfræðingur
Evaluatie	Mat
Fragmenten	Brot
Graf	Gröf
Mysterie	Ráðgáta
Nakomeling	Afkomandi
Objecten	Hluti
Onbekend	Óþekkt
Onderzoeker	Rannsóknir
Oudheid	Fornöld
Professor	Prófessor
Relikwie	Minni
Team	Lið
Tempel	Temple
Tijdperk	Tímum
Vergeten	Gleymt

Astronomie
Stjörnufræði

Aarde	Jörð
Asteroïde	Smástirni
Astronaut	Geimfari
Dierenriem	Dýrir
Equinox	Equinox
Komeet	Halastjarna
Kosmos	Cosmos
Maan	Tungl
Meteoor	Loftstein
Nevel	Þokka
Observatorium	Observatory
Planeet	Reikistjarna
Raket	Eldflaug
Satelliet	Gervitungl
Ster	Stjarna
Sterrenbeeld	Stjörnumerki
Straling	Geislun
Telescoop	Sjónauki
Universum	Alheimur
Zwaartekracht	Þyngdarafl

Avontuur
Ævintýri

Activiteit	Virkni
Bestemming	Áfangastaður
Enthousiasme	Eldmóð
Excursie	Skoðunarferð
Gevaarlijk	Hættulegt
Kans	Líkur
Moed	Hugrekki
Moeilijkheid	Vandi
Natuur	Náttúran
Navigatie	Siglingar
Nieuw	Nýtt
Ongewoon	Óvenjulegt
Reizen	Ferðast
Schoonheid	Fegurð
Uitdagingen	Áskoranir
Veiligheid	Öryggi
Verrassend	Á Óvart
Voorbereiding	Undirbúningur
Vreugde	Gleði
Vrienden	Vinir

Ballet
Ballett

Applaus	Lófaklapp
Artistiek	Listrænn
Ballerina	Ballerína
Choreografie	Kóreógraf
Componist	Tónskáld
Dansers	Dansarar
Expressief	Svipmikill
Gebaar	Látbragð
Intensiteit	Styrkleiki
Muziek	Tónlist
Orkest	Hljómsveit
Publiek	Áhorfendur
Repetitie	Æfing
Ritme	Taktur
Sierlijk	Tignarlegt
Solo	Sóló
Spieren	Vöðva
Stijl	Stíl
Techniek	Tækni
Vaardigheid	Hæfni

Barbecues
Grillveislur

Diner	Kvöldmatur
Familie	Fjölskylda
Fruit	Ávöxtur
Grill	Grill
Groente	Grænmeti
Heet	Heitt
Honger	Hungur
Kip	Kjúklingur
Lunch	Hádegisverður
Messen	Hnífa
Muziek	Tónlist
Peper	Pipar
Salades	Salöt
Saus	Sósa
Tomaten	Tómatar
Uien	Lauk
Uitnodiging	Boð
Vorken	Forks
Zomer	Sumar
Zout	Salt

Beeldende Kunsten
Myndlist

Architectuur	Arkitektúr
Artiest	Listamaður
Beeldhouwwerk	Höggmynd
Creativiteit	Skráningu
Ezel	Glæsla
Film	Kvikmynd
Houtskool	Kol
Keramiek	Keramik
Klei	Leir
Krijt	Krít
Meesterwerk	Meistaraverk
Pen	Penni
Perspectief	Sjónarhorni
Portret	Portret
Potlood	Blýantur
Samenstelling	Samsetningu
Schilderij	Málverk
Stencil	L
Vernis	Lakk
Was	Vax

Beroepen #1
Störfum #1

Accountant	Endurskoðandi
Advocaat	Lögmaður
Ambassadeur	Sendiherra
Artiest	Listamaður
Atleet	Íþróttamaður
Bakker	Bakari
Bankier	Bankastjóri
Danser	Dansari
Dierenarts	Dýralæknir
Dokter	Læknir
Editor	Ritstjóri
Geoloog	Jarðfræðingur
Jager	Veiðimaður
Juwelier	Skartgripir
Kleermaker	Klæðskeri
Monteur	Vélvirki
Pianist	Píanóleikari
Psycholoog	Sálfræðingur
Trainer	Þjálfari
Wetenschapper	Vísindamaður

Bijen
Býflugur

Bestuiver	Frævun
Bijenkorf	Býflugnabú
Bloemen	Blóm
Bloesem	Blómstra
Diversiteit	Fjölbreytni
Ecosysteem	Vistkerfi
Fruit	Ávöxtur
Habitat	Búsvæði
Honing	Hunang
Insect	Skordýr
Koningin	Drottning
Rook	Reykur
Stuifmeel	Frjókorn
Tuin	Garður
Vleugels	Vængi
Voedsel	Matur
Voordelig	Gagnleg
Was	Vax
Zon	Sól
Zwerm	Kvik

Bijvoeglijke Naamwoorden
Lýsingarorð #1

Aantrekkelijk	Aðlaðandi
Actief	Virkur
Ambitieus	Metnaðarlegt
Aromatisch	Ilmandi
Artistiek	Listrænn
Belangrijk	Mikilvægt
Diep	Dýpt
Donker	Myrkur
Dun	Þunnur
Eerlijk	Heiðarlegur
Exotisch	Framandi
Identiek	Sömu
Jong	Ungur
Lang	Langt
Langzaam	Hægt
Modern	Nútíma
Onschuldig	Saklaus
Perfect	Fullkominn
Waardevol	Dýrmætur
Zwaar	Þungt

Bijvoeglijke Naamwoorden
Lýsingarorð #2

Authentiek	Ekta
Beschrijvend	Lýsandi
Creatief	Skapandi
Dramatisch	Dramatísk
Gezond	Heilbrigður
Hongerig	Svangur
Interessant	Áhugavert
Moe	Þreyttur
Natuurlijk	Náttúrulegt
Nieuw	Nýtt
Normaal	Eðlilegt
Productief	Afkastamikill
Slaperig	Syfjaður
Sterk	Sterkur
Trots	Stoltur
Verantwoordelijk	Ábyrgur
Vers	Ferskur
Wild	Villt
Zout	Saltur
Zuiver	Hreint

Bloemen
Blóm

Bloemblad	Krónublað
Boeket	Vönd
Gardenia	Toga
Hibiscus	Hibiscus
Jasmijn	Jasmine
Klaver	Smári
Lavendel	Lofnarblóm
Lelie	Lily
Lila	Líla
Madeliefje	Daisy
Magnolia	Magnolia
Orchidee	Orchid
Paardebloem	Fífill
Papaver	Poppy
Passiebloem	Ástríðublóm
Pioenroos	Peony
Plumeria	Plumeria
Roos	Rós
Tulp	Túlipan
Zonnebloem	Sólblóm

Boeken
Bækur

Auteur	Höfundur
Avontuur	Ævintýri
Bladzijde	Síða
Collectie	Safn
Context	Samhengi
Dualiteit	Tvíeðli
Episch	Epic
Gedicht	Ljóð
Geschreven	Skrifað
Historisch	Sögulegt
Humoristisch	Gamansamur
Inventief	Frumleg
Lezer	Lesandi
Literair	Bókmennta
Relevant	Viðeigandi
Roman	Skáldsaga
Serie	Röð
Tragisch	Hörmulega
Verhaal	Saga
Verteller	Sögumaður

Boerderij #1
Bær #1

Bij	Bí
Ezel	Asni
Geit	Geit
Hek	Girðing
Hond	Hundur
Honing	Hunang
Hooi	Hey
Kalf	Kálfur
Kat	Köttur
Kip	Kjúklingur
Koe	Kýr
Kraai	Kráka
Kudde	Flokkur
Landbouw	Landbúnaður
Mest	Áburður
Paard	Hestur
Rijst	Hrísgrjón
Veld	Engi
Water	Vatn
Zaden	Fræ

Boerderij #2
Bær #2

Bijenkorf	Býflugnabú
Boer	Bóndi
Boomgaard	Aldingarður
Dieren	Dýr
Eend	Önd
Fruit	Ávöxtur
Gerst	Bygg
Groente	Grænmeti
Herder	Hirðir
Irrigatie	Áveitu
Lam	Lamb
Lama	Lamadýr
Maïs	Korn
Melk	Mjólk
Schaap	Kind
Schuur	Hlöðu
Tarwe	Hveiti
Tractor	Dráttarvél
Weide	Engi
Windmolen	Vindmylla

Boksen
Hnefaleikar

Elleboog	Olnboga
Focus	Fókus
Handschoenen	Hanska
Herstel	Bata
Hoek	Horn
Kin	Höku
Klok	Bjalla
Kracht	Styrkur
Lichaam	Líkami
Punten	Stig
Scheidsrechter	Dómari
Schoppen	Sparka
Snel	Fljótur
Tegenstander	Mótmælandi
Touwen	Reipi
Uitgeput	Búinn
Vaardigheid	Hæfni
Vechter	Bardagamaður
Verwondingen	Áverkar
Vuist	Hnefi

Boten
Bátar

Anker	Akkeri
Bemanning	Áhöfn
Boei	Bau
Dok	Bryggju
Golven	Öldur
Jacht	Snekkju
Kajak	Kajak
Kano	Kanó
Mast	Mastur
Matroos	Sjómaður
Meer	Stöðuvatn
Motor	Vél
Nautisch	Sjómanna
Oceaan	Haf
Rivier	River
Touw	Reipi
Veerboot	Ferja
Vlot	Fleki
Zee	Sjó
Zeilboot	Seglbátur

Camping
Tjaldstæði

Avontuur	Ævintýri
Berg	Fjall
Bomen	Tré
Bos	Skógur
Brand	Eldur
Cabine	Klefa
Dieren	Dýr
Hangmat	Hengirúm
Hoed	Hattur
Insect	Skordýr
Jacht	Veiða
Kaart	Kort
Kano	Kanó
Kompas	Áttavita
Lantaarn	Lukt
Maan	Tungl
Meer	Stöðuvatn
Natuur	Náttúran
Tent	Tjald
Touw	Reipi

Chemie
Efnafræði

Alkalisch	Súr
Chloor	Klór
Elektron	Rafeind
Enzym	Ensím
Gas	Gas
Gewicht	Þyngd
Ion	Jón
Katalysator	Hvati
Koolstof	Kolefni
Metalen	Málma
Molecuul	Sameind
Organisch	Lífrænt
Reactie	Viðbrögð
Temperatuur	Hitastig
Vloeistof	Fljótandi
Warmte	Hita
Waterstof	Vetni
Zout	Salt
Zuur	Sýra
Zuurstof	Súrefni

Chocolade
Súkkulaði

Antioxidant	Andoxunarefni
Aroma	Ilmur
Bitter	Bitur
Cacao	Kakó
Calorieën	Hitaeiningar
Exotisch	Framandi
Favoriet	Uppáhalds
Heerlijk	Ljúffengur
Ingrediënt	Efni
Karamel	Karamella
Kokosnoot	Kókoshneta
Kwaliteit	Gæði
Pinda'S	Hnetum
Poeder	Duft
Recept	Uppskrift
Smaak	Bragð
Snoep	Nammi
Suiker	Sykur
Verlangen	Þrá
Zoet	Sætur

Circus
Sirkus

Aap	Api
Acrobaat	Acrobat
Ballonnen	Blöðrur
Clown	Trúður
Dieren	Dýr
Goochelaar	Töframaður
Jongleur	Júgler
Kaartje	Miði
Kostuum	Búningur
Leeuw	Ljón
Magie	Galdur
Muziek	Tónlist
Olifant	Fíl
Parade	Skrúðganga
Snoep	Nammi
Tent	Tjald
Tijger	Tiger
Toeschouwer	Áhorfandi
Truc	Bragð
Vermaken	Skemmta

Creativiteit
Sköpunargáfu

Artistiek	Listrænn
Beeld	Mynd
Dramatisch	Dramatísk
Echtheid	Sanngildi
Emoties	Tilfinningar
Gevoel	Æsifregn
Helderheid	Skýrleiki
Ideeën	Hugmyndir
Indruk	Far
Inspiratie	Innblástur
Intensiteit	Styrkleiki
Intuïtie	Innsæi
Inventief	Frumleg
Spontaan	Hvatvís
Uitdrukking	Segð
Vaardigheid	Hæfni
Verbeelding	Ímyndunarafl
Visioenen	Framtíðarsýn
Vitaliteit	Orku

Dagen en Maanden
Dagar og Mánuðir

Augustus	Ágúst
Dinsdag	Þriðjudagur
Donderdag	Fimmtudagur
Februari	Febrúar
Jaar	Ár
Januari	Janúar
Juli	Júlí
Juni	Júní
Kalender	Dagatal
Maand	Mánuður
Maandag	Mánudagur
Maart	Mars
November	Nóvember
Oktober	Október
September	September
Vrijdag	Föstudagur
Week	Vika
Woensdag	Miðvikudagur
Zaterdag	Laugardagur
Zondag	Sunnudagur

Dans
Dansa

Academie	Háskóli
Beweging	Samtök
Blij	Glaður
Choreografie	Kóreógraf
Cultureel	Menningar
Cultuur	Menning
Emotie	Tilfinning
Expressief	Svipmikill
Genade	Náð
Klassiek	Klassíska
Kunst	List
Lichaam	Líkami
Muziek	Tónlist
Partner	Félagi
Repetitie	Æfing
Ritme	Taktur
Springen	Hoppa
Traditioneel	Hefðbundin
Visueel	Sjónræn

De Media
Fjölmiðlarnir

Advertenties	Auglýsingar
Commercieel	Auglýsing
Communicatie	Samskipti
Digitaal	Stafræn
Editie	Útgáfa
Feiten	Staðreyndir
Financiering	Fjármögnun
Individueel	Einstaklingur
Industrie	Iðnaður
Intellectueel	Vitsmunalegum
Kranten	Dagblöð
Lokaal	Staðbær
Mening	Álit
Netwerk	Net
Onderwijs	Menntun
Online	Á Netinu
Publiek	Opinber
Radio	Útvarp
Televisie	Sjónvarp
Tijdschriften	Tímarit

Diplomatie
Samningaviðræðum

Adviseur	Ráðgjafi
Ambassade	Sendiráð
Ambassadeur	Sendiherra
Burgers	Borgarar
Conflict	Átök
Diplomatiek	Diplomatic
Discussie	Umræða
Ethiek	Siðfræði
Gemeenschap	Samfélag
Gerechtigheid	Réttlæti
Humanitair	Mannræði
Integriteit	Heilindi
Oplossing	Lausn
Politiek	Stjórnmál
Regering	Ríkisstjórn
Resolutie	Ályktun
Samenwerking	Samstarf
Talen	Tungumál
Veiligheid	Öryggi
Verdrag	Sáttmáli

Elektriciteit
Rafmagn

Accu	Rafhlaða
Apparatuur	Búnaður
Draden	Vír
Elektricien	Rafvirki
Elektrisch	Rafmagns
Generator	Rafall
Hoeveelheid	Magn
Kabel	Kabel
Lamp	Lampi
Laser	Leysir
Magneet	Segull
Negatief	Mínus
Netwerk	Net
Objecten	Hluti
Opslag	Geymsla
Positief	Jákvætt
Stopcontact	Innstunga
Telefoon	Sími
Televisie	Sjónvarp

Emoties
Tilfinningar

Angst	Ótti
Beschaamd	Vandræðalegur
Dankbaar	Þakklátur
Droefheid	Sorg
Gelukzaligheid	Sæla
Inhoud	Efni
Kalm	Logn
Liefde	Ást
Ontspannen	Afslappaður
Opgewonden	Spennt
Opluchting	Léttir
Rust	Ró
Sympathie	Samúð
Tederheid	Eymsli
Tevreden	Fullnægt
Verveling	Leiðindi
Vrede	Friður
Vreugde	Gleði
Vriendelijkheid	Góðvild
Woede	Reiði

Energie
Orka

Accu	Rafhlaða
Benzine	Bensín
Brandstof	Eldsneyti
Diesel	Dísel
Elektrisch	Rafmagns
Elektron	Rafeind
Entropie	Óreiða
Foton	Ljóseind
Hernieuwbaar	Endurnýjanleg
Industrie	Iðnaður
Koolstof	Kolefni
Motor	Mótor
Nucleair	Kjarnorku
Omgeving	Umhverfi
Stoom	Gufu
Turbine	Túrbína
Vervuiling	Mengun
Warmte	Hita
Waterstof	Vetni
Wind	Vindur

Engineering
Verkfræði

As	Ás
Berekening	Útreikning
Beweging	Hreyfing
Bouw	Smíði
Diagram	Skýringarmynd
Diameter	Þvermál
Diepte	Dýpt
Diesel	Dísel
Energie	Orka
Hoek	Horn
Kracht	Styrkur
Machine	Vél
Meting	Mæling
Motor	Mótor
Rotatie	Snúningur
Stabiliteit	Stöðugleiki
Structuur	Bygging
Vloeistof	Fljótandi
Voortstuwing	Knýja
Wrijving	Núning

Eten #1
Matur #1

Aardbei	Jarðarber
Abrikoos	Apríkósa
Basilicum	Basil
Citroen	Sítrónu
Gerst	Bygg
Kaneel	Kanil
Knoflook	Hvítlaukur
Melk	Mjólk
Peer	Pera
Pinda	Hnetu
Salade	Salat
Sap	Safa
Soep	Súpa
Spinazie	Spínat
Suiker	Sykur
Tonijn	Túnfiskur
Ui	Laukur
Vlees	Kjöt
Wortel	Gulrót
Zout	Salt

Eten #2
Matur #2

Amandel	Mönlu
Ananas	Ananas
Appel	Epli
Asperge	Aspas
Aubergine	Eggaldin
Banaan	Banani
Broccoli	Spergilkál
Brood	Brauð
Druif	Vínber
Ei	Egg
Ham	Skinka
Kaas	Ostur
Kip	Kjúklingur
Kiwi	Kíví
Perzik	Ferskja
Rijst	Hrísgrjón
Tarwe	Hveiti
Tomaat	Tómat
Vis	Fiskur
Yoghurt	Jógúrt

Ethiek
Siðfræði

Altruïsme	Fórnfýsi
Diplomatiek	Diplomatic
Eerbiedig	Virðingu
Eerlijkheid	Heiðarleiki
Filosofie	Heimspeki
Geduld	Þolinmæði
Integriteit	Heilindi
Mededogen	Samúð
Mensheid	Mannkynið
Optimisme	Bjartsýni
Rationaliteit	Skynsemi
Realisme	Raunsæi
Redelijk	Sanngjarnt
Samenwerking	Samstarf
Tolerantie	Umburðarlyndi
Vriendelijkheid	Góðvild
Waarden	Gildi
Waardigheid	Reisn
Wijsheid	Viski

Familie
Fjölskylda

Broer	Bróðir
Dochter	Dóttir
Grootmoeder	Amma
Jeugd	Barnæska
Kind	Barn
Kinderen	Börn
Kleinkind	Barnabarn
Man	Eiginmaður
Moeder	Móðir
Neef	Frændi
Oom	Frændi
Opa	Afi
Tante	Frænka
Tweeling	Tvíburar
Vader	Faðir
Vaderlijk	Ingar
Voorouder	Forfaðir
Vrouw	Eiginkona
Zus	Systir

Fruit
Ávextir

Abrikoos	Apríkósa
Ananas	Ananas
Appel	Epli
Avocado	Avókadó
Banaan	Banani
Bes	Ber
Citroen	Sítrónu
Druif	Vínber
Framboos	Hindberjum
Kers	Kirsuber
Kiwi	Kíví
Kokosnoot	Kókoshneta
Mango	Mangó
Meloen	Melóna
Nectarine	Nectarine
Oranje	Appelsína
Papaja	Papaya
Peer	Pera
Perzik	Ferskja
Pruim	Plóma

Gebouwen
Byggingar

Ambassade	Sendiráð
Appartement	Íbúð
Bioscoop	Kvikmyndahús
Boerderij	Bær
Cabine	Klefa
Fabriek	Verksmiðju
Garage	Bílskúr
Hotel	Hótel
Kasteel	Kastali
Museum	Safn
Observatorium	Observatory
School	Skóli
Schuur	Hlöðu
Stadion	Völlinn
Supermarkt	Matvörubúð
Tent	Tjald
Theater	Leikhús
Toren	Turn
Universiteit	Háskóli
Ziekenhuis	Sjúkrahús

Geografie
Landafræði

Atlas	Atlas
Berg	Fjall
Breedtegraad	Breidd
Continent	Álfunni
Eiland	Eyja
Evenaar	Miðbaugur
Halfrond	Jarðar
Hoogte	Hæð
Kaart	Kort
Land	Land
Meridiaan	Meridian
Noorden	Norður
Oceaan	Haf
Regio	Svæði
Rivier	River
Stad	Borg
Wereld	Heimur
Westen	Vestur
Zee	Sjó
Zuiden	Suður

Geologie
Jarðfræði

Aardbeving	Jarðskjálfti
Calcium	Kalsíum
Continent	Álfunni
Erosie	Rof
Geiser	Goshver
Grot	Helli
Koraal	Kórall
Kristallen	Kristallar
Kwarts	Kvars
Laag	Lag
Lava	Hraun
Mineralen	Steinefni
Plateau	Hálendi
Stalactiet	Stalactite
Stalagmieten	Stalagmites
Steen	Steinn
Vulkaan	Eldfjall
Zone	Svæði
Zout	Salt
Zuur	Sýra

Geometrie
Rúmfræði

Berekening	Útreikning
Cirkel	Hring
Curve	Ferill
Diameter	Þvermál
Dimensie	Vídd
Driehoek	Þríhyrningur
Hoek	Horn
Hoogte	Hæð
Horizontaal	Lárétt
Logica	Rökfræði
Massa	Messi
Mediaan	Miðgildi
Oppervlak	Yfirborð
Parallel	Samhliða
Segment	Hluti
Symmetrie	Samhverfu
Theorie	Kenning
Vergelijking	Jafna
Verticaal	Lóðrétt
Vierkant	Ferningur

Getallen
Tölur

Acht	Átta
Achttien	Átján
Dertien	Þrettán
Drie	Þrír
Een	Einn
Negen	Níu
Negentien	Nítján
Nul	Núll
Tien	Tíu
Twaalf	Tólf
Twee	Tveir
Twintig	Tuttugu
Veertien	Fjórtán
Vier	Fjórir
Vijf	Fimm
Vijftien	Fimmtán
Zes	Sex
Zestien	Sextán
Zeven	Sjö
Zeventien	Sautján

Gezondheid en Welzijn #1
Heilsufar og Vellíðan #1

Actief	Virkur
Apotheek	Apótek
Bacteriën	Bakteríur
Behandeling	Meðferð
Botten	Bein
Breuk	Beinbrot
Dokter	Læknir
Gewoonte	Venja
Honger	Hungur
Hoogte	Hæð
Hormonen	Hormón
Huid	Húð
Letsel	Meiðslum
Medicijn	Lyf
Ontspanning	Slökun
Reflex	Viðbragð
Spieren	Vöðva
Supplementen	Fæðubótarefni
Virus	Veira
Zenuwen	Taugar

Gezondheid en Welzijn #2
Heilsufar og Vellíðan #2

Allergie	Ofnæmi
Anatomie	Líffærafræði
Bloed	Blóð
Calorie	Kaloría
Dieet	Mataræði
Energie	Orka
Genetica	Erfðafræði
Gewicht	Þyngd
Gezond	Heilbrigður
Herstel	Bata
Hygiëne	Hreinlæti
Infectie	Smitun
Lichaam	Líkami
Massage	Nudd
Spijsvertering	Melting
Stress	Streitu
Vitamine	Vítamín
Voeding	Næring
Ziekenhuis	Sjúkrahús
Ziekte	Sjúkdómur

Groenten
Grænmeti

Artisjok	Artihoke
Aubergine	Eggaldin
Broccoli	Spergilkál
Erwt	Pea
Gember	Engifer
Knoflook	Hvítlaukur
Komkommer	Gúrku
Olijf	Ólíf
Paddestoel	Sveppir
Peterselie	Steinselja
Pompoen	Grasker
Raap	Næpa
Radijs	Ræðja
Salade	Salat
Selderij	Sellerí
Sjalot	Skalottlaukur
Spinazie	Spínat
Tomaat	Tómat
Ui	Laukur
Wortel	Gulrót

Haartypes
Hárið Tegundir

Blond	Ljóshærður
Bruin	Brúnt
Dik	Þykkur
Droog	Þurr
Dun	Þunnur
Gekleurd	Litað
Gevlochten	Fléttum
Gezond	Heilbrigður
Glimmend	Glansandi
Grijs	Grár
Hoofdhuid	Hársvörð
Kaal	Sköllóttur
Kort	Stutt
Krullen	Krulla
Krullend	Hrokkið
Lang	Langt
Wit	Hvítur
Zacht	Mjúkur
Zilver	Silfur
Zwart	Svart

Herbalisme
Grasalækningar

Aromatisch	Ilmandi
Basilicum	Basil
Bloem	Blóm
Culinair	Matreiðslu
Dille	Dill
Dragon	Estragon
Groen	Grænt
Ingrediënt	Efni
Knoflook	Hvítlaukur
Kwaliteit	Gæði
Lavendel	Lofnarblóm
Marjolein	Marjoram
Oregano	Oregano
Peterselie	Steinselja
Rozemarijn	Rósmarín
Saffraan	Saffran
Smaak	Bragð
Tijm	Timjan
Tuin	Garður
Venkel	Fennel

Het Bedrijf
Fyrirtækið

Beslissing	Ákvörðun
Creatief	Skapandi
Eenheden	Einingar
Globaal	Alþjóðlegt
Industrie	Iðnaður
Inkomsten	Tekjur
Innovatief	Nýjar
Investering	Fjárfesting
Kwaliteit	Gæði
Loon	Laun
Mogelijkheid	Möguleika
Presentatie	Kynning
Product	Vöru
Professioneel	Faglegur
Reputatie	Orðspor
Risico'S	Áhætta
Trends	Þróun
Vooruitgang	Framfarir
Werkgelegenheid	Atvinna
Zaak	Viðskipti

Huis
Húsið

Bezem	Kústur
Bibliotheek	Bókasafn
Dak	Þak
Deur	Hurð
Douche	Sturtu
Garage	Bílskúr
Haard	Arinn
Hek	Girðing
Kamer	Herbergi
Kelder	Kjallari
Keuken	Eldhús
Lamp	Lampi
Meubilair	Húsgögn
Muur	Vegg
Plafond	Loft
Schoorsteen	Strompinn
Slaapkamer	Svefnherbergi
Spiegel	Spegill
Tapijt	Gólfmotta
Tuin	Garður

Installaties
Plöntur

Bamboe	Bambus
Bes	Ber
Blad	Lauf
Bloem	Blóm
Boom	Tré
Boon	Baun
Bos	Skógur
Cactus	Kaktus
Flora	Flora
Gebladerte	Sm
Gras	Gras
Klimop	Ivy
Kruid	Jurt
Mest	Áburður
Mos	Moss
Plantkunde	Grasafræði
Struik	Bush
Tuin	Garður
Vegetatie	Gróður
Wortel	Rót

Jazz
Djass

Album	Plötu
Applaus	Lófaklapp
Artiest	Listamaður
Beroemd	Frægur
Componist	Tónskáld
Concert	Tónleikar
Favorieten	Eftirlæti
Genre	Tegund
Improvisatie	Spuni
Lied	Lag
Muziek	Tónlist
Nadruk	Áhersla
Nieuw	Nýtt
Orkest	Hljómsveit
Oud	Gamall
Ritme	Taktur
Samenstelling	Samsetning
Stijl	Stíl
Talent	Hæfileiki
Techniek	Tækni

Keuken
Eldhús

Cup	Bolla
Eetstokjes	Pinnar
Grill	Grill
Ketel	Ketill
Koelkast	Ísskápur
Kom	Skál
Kruik	Könnu
Lepels	Skeiðar
Messen	Hnífa
Oven	Ofn
Pollepel	Ausa
Pot	Krukku
Recept	Uppskrift
Schort	Svuntu
Servet	Servíetta
Specerijen	Krydd
Spons	Svampur
Voedsel	Matur
Vorken	Forks
Vriezer	Frysti

Kleding
Fötin

Armband	Armband
Blouse	Blússa
Broek	Buxur
Handschoenen	Hanska
Hoed	Hattur
Jas	Kápu
Jasje	Jakki
Jurk	Kjóll
Ketting	Hálsmen
Mode	Tíska
Pyjama	Náttföt
Riem	Belti
Rok	Pils
Sandalen	Skó
Schoen	Skór
Schort	Svuntu
Shirt	Skyrta
Sjaal	Trefil
Sokken	Sokkar
Trui	Peysa

Klimmen
Klifur

Atmosfeer	Stjórnmál
Deskundige	Sérfræðingur
Fysiek	Líkamlegt
Gidsen	Leiðsögumenn
Grot	Helli
Handschoenen	Hanska
Helm	Hjálmur
Hoogte	Hæð
Kaart	Kort
Kracht	Styrkur
Laarzen	Stígvél
Letsel	Meiðslum
Nieuwsgierigheid	Forvitni
Opleiding	Þjálfun
Smal	Þröngt
Stabiliteit	Stöðugleiki
Terrein	Landslagi
Uitdagingen	Áskoranir
Wandelen	Gönguferðir

Koffie
Kaffi

Aroma	Ilmur
Beker	Bolli
Bitter	Bitur
Cafeïne	Koffín
Drank	Drykkur
Filter	Sía
Geroosterd	Brennt
Malen	Mala
Melk	Mjólk
Ochtend	Morgunn
Oorsprong	Uppruna
Prijs	Verð
Room	Rjóma
Smaak	Bragð
Suiker	Sykur
Variëteit	Fjölbreytni
Vloeistof	Fljótandi
Water	Vatn
Zuur	Súr
Zwart	Svart

Kracht en Zwaartekracht
Kraftur og Þyngdarafl

Afstand	Fjarlægð
As	Ás
Baan	Sporbraut
Beweging	Hreyfing
Centrum	Miðja
Druk	Þrýstingur
Dynamisch	Kvik
Eigendommen	Eignir
Gewicht	Þyngd
Impact	Áhrif
Magnetisme	Segulmagn
Mechanica	Vélfræði
Natuurkunde	Eðlisfræði
Omvang	Stærð
Ontdekking	Uppgötvun
Snelheid	Hraði
Tijd	Tími
Uitbreiding	Stækkun
Universeel	Alhliða
Wrijving	Núning

Kunst
List

Beeldhouwwerk	Höggmynd
Complex	Flókið
Eenvoudig	Einfalt
Eerlijk	Heiðarlegur
Figuur	Mynd
Geïnspireerd	Innblástur
Humeur	Skap
Keramisch	Keramik
Onderwerp	Efni
Origineel	Originlegt
Persoonlijk	Persónulegt
Poëzie	Ljóð
Portretteren	Lýsa
Samenstelling	Samsetning
Schilderijen	Málverk
Surrealisme	Súrrealismi
Symbool	Tákn
Uitdrukking	Segð
Visueel	Sjónræn

Kunstbenodigdheden
List Vistir

Acryl	Akrýl
Aquarellen	Vatnslitir
Borstels	Burstar
Camera	Myndavél
Creativiteit	Sköpun
Ezel	Glæsla
Gom	Strokleður
Houtskool	Kol
Inkt	Blek
Klei	Leir
Kleuren	Liti
Lijm	Lím
Olie	Olía
Papier	Pappír
Pastel	Pastellitir
Potloden	Blýantar
Stoel	Stól
Tafel	Borð
Verf	Málningu
Water	Vatn

Landen #1
Löndum #1

België	Belgía
Brazilië	Brasilía
Cambodja	Kambódía
Canada	Kanada
Chili	Chile
Duitsland	Þýskaland
Egypte	Egyptaland
Irak	Írak
Israël	Ísrael
Italië	Ítalía
Letland	Lettland
Libië	Líbýa
Marokko	Marokkó
Nicaragua	Níkaragva
Noorwegen	Noregur
Panama	Panama
Polen	Pólland
Roemenië	Rúmenía
Senegal	Senegal
Spanje	Spánn

Landen #2
Löndum #2

Denemarken	Danmörk
Ethiopië	Eþíópía
Frankrijk	Frakkland
Griekenland	Grikkland
Ierland	Írland
Indonesië	Indónesía
Japan	Japan
Kenia	Kenía
Laos	Laos
Libanon	Líbanon
Liberia	Líbería
Maleisië	Malasía
Mexico	Mexíkó
Nepal	Nepal
Nigeria	Nígería
Oeganda	Úganda
Oekraïne	Úkraína
Rusland	Rússland
Somalië	Sómalía
Syrië	Sýrland

Landschappen
Landslag

Berg	Fjall
Eiland	Eyja
Geiser	Goshver
Gletsjer	Jökull
Grot	Helli
Heuvel	Hæð
Ijsberg	Ísberg
Meer	Stöðuvatn
Moeras	Mýri
Oase	Vin
Oceaan	Haf
Rivier	River
Schiereiland	Skagi
Strand	Fjara
Toendra	Tundra
Vallei	Dalur
Vulkaan	Eldfjall
Waterval	Foss
Woestijn	Eyðimörk
Zee	Sjó

Literatuur
Bókmenntir

Analogie	Líkingar
Analyse	Greining
Anekdote	E.
Auteur	Höfundur
Biografie	Ævisaga
Conclusie	Niðurstaða
Dialoog	Umræðu
Fictie	Skáldskapur
Gedicht	Ljóð
Mening	Álit
Metafoor	Myndlíking
Poëtisch	Ljóðræn
Rijm	Rím
Ritme	Taktur
Roman	Skáldsaga
Stijl	Stíl
Thema	Þema
Tragedie	Harmleikur
Vergelijking	Samanburður
Verteller	Sögumaður

Meditatie
Hugleiðsla

Aandacht	Athygli
Aanvaarding	Samþykki
Ademhaling	Öndun
Beweging	Samtök
Dankbaarheid	Þakklæti
Emoties	Tilfinningar
Gedachten	Hugsanir
Geluk	Hamingja
Helderheid	Skýrleiki
Kalm	Logn
Mededogen	Samúð
Mentaal	Andlegt
Muziek	Tónlist
Natuur	Náttúran
Observatie	Athugun
Perspectief	Sjónarhorni
Stilte	Þögn
Vrede	Friður
Vriendelijkheid	Góðvild
Wakker	Vakandi

Meer Informatie
Vísindaskáldskapur

Bioscoop	Kvikmyndahús
Boeken	Bækur
Brand	Eldur
Denkbeeldig	Ímyndað
Dystopie	Dystópía
Explosie	Sprenging
Extreem	Extreme
Fantastisch	Frábær
Illusie	Blekking
Klonen	Klón
Mysterieus	Dularfullur
Orakel	Véfrétt
Planeet	Reikistjarna
Realistisch	Raunhæft
Robots	Vélmenni
Scenario	Atburðarás
Sterrenstelsel	Galaxy
Technologie	Tækni
Utopie	Útópía
Wereld	Heimur

Menselijk Lichaam
Mannslíkaminn

Been	Fótur
Bloed	Blóð
Elleboog	Olnboga
Enkel	Ökkla
Hand	Hönd
Hart	Hjarta
Hersenen	Heili
Hoofd	Höfuð
Huid	Húð
Kaak	Kjálka
Kin	Höku
Knie	Hné
Maag	Magi
Mond	Munnur
Nek	Háls
Neus	Nef
Oor	Eyra
Schouder	Öxl
Tong	Tunga
Vinger	Fingur

Metingen
Mælingar

Breedte	Breidd
Byte	Bæti
Centimeter	Sentimetr
Decimaal	Aukastaf
Diepte	Dýpt
Gewicht	Þyngd
Gram	Gramm
Hoogte	Hæð
Inch	Tommu
Kilogram	Kíló
Kilometer	Kílómetra
Lengte	Lengd
Liter	Lítri
Massa	Messi
Meter	Mælir
Minuut	Mínúta
Ons	Únsa
Pint	Hálfpottur
Ton	Tonn
Volume	Bindi

Mode
Tíska

Bescheiden	Hógvær
Betaalbaar	Hagkvæm
Borduurwerk	Útsaumur
Comfortabel	Þægilegt
Duur	Dýr
Eenvoudig	Einfalt
Elegant	Glæsilegur
Kant	Reima
Kleding	Fatnað
Knop	Hnappa
Minimalistisch	Lægstur
Modern	Nútíma
Origineel	Originlegt
Patroon	Mynstur
Praktisch	Hagnýt
Stijl	Stíl
Stof	Efni
Textuur	Áferð
Trend	Stefna
Winkel	Boutique

Muziekinstrumenten
Hljóðfæri

Banjo	Banjó
Cello	Selló
Fagot	Fagott
Fluit	Flautu
Gitaar	Gítar
Gong	Gong
Harp	Harpa
Hobo	Óbó
Klarinet	Klarinett
Mandoline	Mandólín
Marimba	Marimba
Mondharmonica	Munnhörpu
Percussie	Slagverk
Piano	Píanó
Saxofoon	Saxófón
Tamboerijn	Bumbur
Trombone	Básúna
Trommel	Tromma
Trompet	Trompet
Viool	Fiðlu

Mythologie
Goðafræði

Archetype	Arketype
Bliksem	Elding
Creatie	Sköpun
Cultuur	Menning
Donder	Þrumur
Doolhof	Völundarhús
Gedrag	Hegðun
Held	Hetja
Hemel	Himnaríki
Jaloezie	Öfund
Kracht	Styrkur
Krijger	Stríðsmaður
Legende	Þjóðsaga
Magisch	Töfrandi
Monster	Skrímsli
Onsterfelijkheid	Ódauðleika
Ramp	Hörmung
Sterfelijk	Dauðleg
Wezen	Skepna
Wraak	Hefnd

Natuur
Náttúran

Arctisch	Arktískur
Bijen	Býflugur
Bos	Skógur
Dieren	Dýr
Dynamisch	Kvik
Erosie	Rof
Gebladerte	Sm
Gletsjer	Jökull
Heiligdom	Helgidómur
Klippen	Klettar
Mist	Þoka
Rivier	River
Schoonheid	Fegurð
Schuilplaats	Skjól
Sereen	Serene
Tropisch	Tropical
Vitaal	Líflegt
Wild	Villt
Woestijn	Eyðimörk
Wolken	Ský

Natuurkunde
Eðlisfræði

Atoom	Atóm
Chaos	Roða
Chemisch	Efni
Deeltje	Ögn
Dichtheid	Þéttleiki
Elektron	Rafeind
Experiment	Tilraun
Formule	Formúla
Frequentie	Tíðni
Gas	Gas
Magnetisme	Segulmagn
Massa	Messi
Mechanica	Vélfræði
Molecuul	Sameind
Motor	Vél
Relativiteit	Afstæði
Snelheid	Hraða
Universeel	Alhliða
Versnelling	Hröðun
Zwaartekracht	Þyngdarafl

Oceaan
Haf

Aal	Áll
Algen	Þörunga
Boot	Bátur
Dolfijn	Höfrungur
Garnaal	Rækja
Getijden	Sjávarföll
Haai	Hákarl
Koraal	Kórall
Krab	Krabbi
Kwal	Marglytta
Octopus	Kolkrabbi
Oester	Ostra
Rif	Rif
Schildpad	Skjaldbaka
Spons	Svampur
Storm	Stormur
Tonijn	Túnfiskur
Vis	Fiskur
Walvis	Hvalur
Zout	Salt

Overheid
Ríkisstjórn

Civiel	Borgaraleg
Democratie	Lýðræði
Discussie	Umræða
Gelijkheid	Jafnrétti
Gerechtelijk	Dóms
Gerechtigheid	Réttlæti
Grondwet	Stjórnarskrá
Leider	Leiðtogi
Monument	Minnismerki
Natie	Þjóð
Nationaal	Þjóðlegur
Politiek	Stjórnmál
Rechten	Réttindi
Rustig	Friðsælt
Staat	Ríki
Symbool	Tákn
Toespraak	Ræðu
Vrijheid	Frelsi
Wet	Lög
Wijk	Umdæmi

Psychologie
Sálfræði

Beoordeling	Mat
Cognitie	Vitsmuni
Conflict	Átök
Dromen	Draumar
Ego	Egó
Emoties	Tilfinningar
Ervaringen	Reynslu
Gedachten	Hugsanir
Gedrag	Hegðun
Gevoel	Æsifregn
Herinneringen	Minningar
Ideeën	Hugmyndir
Invloed	Áhrif
Jeugd	Barnæska
Klinisch	Klínísk
Perceptie	Skynjun
Persoonlijkheid	Persónuleiki
Probleem	Vandamál
Realiteit	Veruleiki
Therapie	Meðferð

Regenwoud
Regnskógur

Amfibieën	Froskdýr
Behoud	Varðveislu
Botanisch	Botanical
Diversiteit	Fjölbreytni
Gemeenschap	Samfélag
Inheems	Frumbyggja
Insecten	Skordýr
Jungle	Frumskógur
Klimaat	Veðurfar
Mos	Moss
Natuur	Náttúran
Overleving	Lifun
Respect	Virðing
Restauratie	Endurreisn
Soort	Tegund
Toevlucht	Athvarf
Vogels	Fuglar
Waardevol	Dýrmætur
Wolken	Ský
Zoogdieren	Spendýr

Restaurant #2
Veitingastaður #2

Cake	Kaka
Diner	Kvöldmatur
Drank	Drykkur
Eieren	Egg
Fruit	Ávöxtur
Groente	Grænmeti
Heerlijk	Ljúffengur
Ijs	Ís
Lepel	Skeið
Lunch	Hádegisverður
Noedels	Núðlur
Ober	Þjónn
Salade	Salat
Soep	Súpa
Specerijen	Krydd
Stoel	Stól
Vis	Fiskur
Vork	Gaffal
Water	Vatn
Zout	Salt

Rijden
Akstur

Auto	Bíll
Brandstof	Eldsneyti
Garage	Bílskúr
Gas	Gas
Gevaar	Hætta
Kaart	Kort
Licentie	Leyfi
Motor	Mótor
Motorfiets	Mótorhjól
Ongeluk	Slys
Politie	Lögreglan
Remmen	Bremsur
Snelheid	Hraði
Straat	Gata
Tunnel	Göng
Veiligheid	Öryggi
Verkeer	Umferð
Voetganger	Gangandi
Vrachtauto	Vörubíll
Weg	Vegur

Schaken
Skák

Diagonaal	Ská
Kampioen	Meistari
Koning	Konungur
Koningin	Drottning
Leren	Að Læra
Offer	Fórn
Passief	Aðgerðalaus
Punten	Stig
Reglement	Reglur
Slim	Snjall
Spel	Leikur
Speler	Leikmaður
Strategie	Stefnu
Tegenstander	Mótmælandi
Tijd	Tími
Toernooi	Mót
Uitdagingen	Áskoranir
Wedstrijd	Keppni
Wit	Hvítur
Zwart	Svart

Schoonheid
Fegurð

Charme	Heilla
Cosmetica	Snyrtivörur
Diensten	Þjónusta
Elegant	Glæsilegur
Elegantie	Glæsileiki
Fotogeniek	Ljósmyndin
Genade	Náð
Geur	Ilmur
Glad	Slétt
Huid	Húð
Kleur	Litur
Krullen	Krulla
Lippenstift	Varalitur
Mascara	Maskara
Producten	Vörur
Schaar	Skæri
Shampoo	Sjampó
Spiegel	Spegill
Stilist	Stílisti
Verzinnen	Farði

Specerijen
Krydd

Anijs	Anís
Bitter	Bitur
Gember	Engifer
Kaneel	Kanil
Kardemom	Kardemommu
Kerrie	Karrý
Knoflook	Hvítlaukur
Komijn	Kúmen
Koriander	Kóríander
Kruidnagel	Negull
Nootmuskaat	Múskat
Paprika	Paprika
Peper	Pipar
Saffraan	Saffran
Smaak	Bragð
Ui	Laukur
Vanille	Vanillu
Venkel	Fennel
Zoet	Sætur
Zout	Salt

Stad
Bærinn

Apotheek	Apótek
Bakkerij	Bakarí
Bank	Banki
Bibliotheek	Bókasafn
Bioscoop	Kvikmyndahús
Bloemist	Blómabúð
Boekhandel	Bókabúð
Dierentuin	Dýragarður
Galerij	Gallerí
Hotel	Hótel
Luchthaven	Flugvöllur
Markt	Markaður
Museum	Safn
Salon	Snyrtistofa
School	Skóli
Stadion	Völlinn
Supermarkt	Matvörubúð
Theater	Leikhús
Universiteit	Háskóli
Winkel	Verslun

Strand
Strönd

Blauw	Blár
Boot	Bátur
Dok	Bryggju
Eiland	Eyja
Handdoek	Handklæði
Krab	Krabbi
Kust	Ströndinni
Lagune	Lón
Oceaan	Haf
Paraplu	Regnhlíf
Rif	Rif
Sandalen	Skó
Schelpen	Skeljar
Vakantie	Frí
Zand	Sandur
Zee	Sjó
Zeilboot	Seglbátur
Zon	Sól
Zwemmen	Að Synda

Tijd
Tíminn

Dag	Dagur
Decennium	Áratugur
Eeuw	Öld
Gisteren	Í Gær
Jaar	Ár
Jaarlijks	Árlega
Kalender	Dagatal
Klok	Klukka
Maand	Mánuður
Middag	Hádegi
Minuut	Mínúta
Na	Eftir
Nacht	Nótt
Nu	Núna
Ochtend	Morgunn
Toekomst	Framtíð
Uur	Klukkustund
Vandaag	Í Dag
Vroeg	Snemma
Week	Vika

Tuin
Garðinum

Bank	Bekkur
Bloem	Blóm
Boom	Tré
Boomgaard	Aldingarður
Garage	Bílskúr
Gazon	Grasflöt
Gras	Gras
Hangmat	Hengirúm
Hark	Hrífa
Hek	Girðing
Onkruid	Illgresi
Rotsen	Steinar
Schop	Moka
Slang	Slönguna
Struik	Bush
Terras	Verönd
Trampoline	Trampólín
Tuin	Garður
Vijver	Tjörn
Wijnstok	Vínviður

Tuinieren
Garðyrkja

Blad	Lauf
Bloemen	Blóma
Bloesem	Blómstra
Bodem	Jarðvegur
Boeket	Vönd
Boomgaard	Aldingarður
Botanisch	Botanical
Compost	Molta
Container	Ílát
Eetbaar	Ætur
Exotisch	Framandi
Gebladerte	Sm
Klimaat	Veðurfar
Seizoensgebonden	Opin
Slang	Slönguna
Soort	Tegund
Vocht	Raki
Vuil	Óhreinindi
Water	Vatn
Zaden	Fræ

Vakantie #2
Frí #2

Bergen	Fjöll
Bestemming	Áfangastaður
Buitenlander	Útlendingur
Buitenlands	Erlendum
Eiland	Eyja
Foto'S	Myndir
Hotel	Hótel
Kaart	Kort
Kamperen	Útjæða
Luchthaven	Flugvöllur
Paspoort	Vegabréf
Reis	Ferð
Strand	Fjara
Taxi	Taxi
Tent	Tjald
Trein	Lest
Vakantie	Frí
Vervoer	Samgöngur
Vrije Tijd	Tímist
Zee	Sjó

Vliegtuigen
Flugvélar

Afdaling	Uppruna
Atmosfeer	Stjórnmál
Avontuur	Ævintýri
Ballon	Blöðru
Bemanning	Áhöfn
Bouw	Smíði
Brandstof	Eldsneyti
Geschiedenis	Saga
Hemel	Himinn
Hoogte	Hæð
Landen	Lending
Lucht	Loft
Motor	Vél
Navigeren	Sigla
Ontwerp	Hönnun
Passagier	Farþegi
Piloot	Flugmaður
Richting	Stefnu
Turbulentie	Ókyrrð
Waterstof	Vetni

Voeding
Næringu

Bitter	Bitur
Calorieën	Hitaeiningar
Dieet	Mataræði
Eetbaar	Ætur
Eetlust	Matarlyst
Eiwitten	Prótein
Evenwichtig	Rólegur
Fermentatie	Gerjun
Gewicht	Þyngd
Gezond	Heilbrigður
Gezondheid	Heilsa
Koolhydraten	Kolvetni
Kwaliteit	Gæði
Saus	Sósa
Smaak	Bragð
Spijsvertering	Melting
Toxine	Eiturefni
Vitamine	Vítamín
Vloeistoffen	Vökva
Voedingsstof	Næringarefni

Voertuigen
Ökutæki

Ambulance	Sjúkrabíll
Auto	Bíll
Banden	Dekk
Bestelwagen	Van
Boot	Bátur
Bus	Rútu
Caravan	Hjólhýsi
Fiets	Reiðhjól
Helikopter	Þyrla
Motor	Mótor
Onderzeeër	Kafbátur
Raket	Eldflaug
Scooter	Vespu
Taxi	Taxi
Tractor	Dráttarvél
Trein	Lest
Veerboot	Ferja
Vliegtuig	Flugvél
Vlot	Fleki
Vrachtauto	Vörubíll

Vogels
Fuglar

Duif	Dúfa
Eend	Önd
Ei	Egg
Flamingo	Flamingo
Gans	Gæs
Kip	Kjúklingur
Koekoek	Gaukur
Kraai	Kráka
Meeuw	Máfur
Mus	Sparrow
Ooievaar	Storkur
Papegaai	Páfagaukur
Pauw	Peacock
Pelikaan	Pelican
Pinguïn	Mörgæs
Reiger	Heron
Struisvogel	Strútur
Toekan	Toucan
Uil	Ugla
Zwaan	Svanur

Vormen
Form

Bol	Kúla
Boog	Arc
Cilinder	Strokka
Cirkel	Hring
Curve	Ferill
Driehoek	Þríhyrningur
Hoek	Horn
Hyperbool	Hyperbola
Kant	Hlið
Kegel	Keila
Kubus	Teningur
Lijn	Lína
Ovaal	Sporöskjulaga
Piramide	Pýramída
Prisma	Prism
Randen	Brúnir
Rechthoek	Rétthyrningur
Ronde	Umferð
Veelhoek	Marghyrning
Vierkant	Ferningur

Wandelen
Gönguferðir

Berg	Fjall
Dieren	Dýr
Kaart	Kort
Kamperen	Útjæða
Klif	Bjarg
Klimaat	Veðurfar
Laarzen	Stígvél
Moe	Þreyttur
Muggen	Moskítóflugur
Natuur	Náttúran
Oriëntatie	Stefnumörkun
Parken	Garður
Stenen	Steinar
Top	Fundinum
Voorbereiding	Undirbúningur
Water	Vatn
Weer	Veður
Wild	Villt
Zon	Sól
Zwaar	Þungt

Water
Vatni

Douche	Sturtu
Drinkbaar	Drykkjarhæft
Geiser	Geysir
Golven	Öldur
Ijs	Ís
Irrigatie	Áveitu
Kanaal	Síkur
Meer	Lake
Moesson	Monsún
Oceaan	Haf
Orkaan	Fellibylur
Overstroming	Flóð
Regen	Rigning
Rivier	River
Sneeuw	Snjór
Stoom	Gufu
Verdamping	Uppgufun
Vochtig	Rökum
Vochtigheid	Raki
Vorst	Frost

Weersomstandigheden
Veður

Atmosfeer	Stjórnmál
Bliksem	Elding
Donder	Þrumur
Droogte	Þurrkar
Hemel	Himinn
Ijs	Ís
Klimaat	Veðurfar
Mist	Þóka
Moesson	Monsún
Orkaan	Fellibylur
Overstroming	Flóð
Polair	Polar
Regenboog	Regnbogi
Storm	Stormur
Temperatuur	Hitastig
Tornado	Tornado
Tropisch	Tropical
Vochtig	Rakt
Wind	Vindur
Wolk	Ský

Wetenschappelijke Discip
Vísindalegum Greinum

Anatomie	Líffærafræði
Astronomie	Stjörnufræði
Biochemie	Lífefnafræði
Biologie	Líffræði
Chemie	Efnafræði
Ecologie	Vistfræði
Fysiologie	Lífeðlisfræði
Geologie	Jarðfræði
Immunologie	Ónæmisfræði
Mechanica	Vélfræði
Meteorologie	Veðurfræði
Mineralogie	Steindafræði
Neurologie	Taugafræði
Plantkunde	Grasafræði
Psychologie	Sálfræði
Robotica	Vélmenni
Sociologie	Félagsfræði
Thermodynamica	Varmafræði
Voeding	Næring
Zoölogie	Dýrafræði

Wiskunde
Stærðfræði

Bol	Kúla
Decimaal	Aukastaf
Diameter	Þvermál
Divisie	Deild
Driehoek	Þríhyrningur
Exponent	Veldisvísir
Fractie	Brot
Geometrie	Rúmfræði
Hoeken	Horn
Omtrek	Ummál
Parallel	Samhliða
Parallellogram	Hjálíðalogram
Rechthoek	Rétthyrningur
Rekenkundig	Tölur
Som	Summa
Symmetrie	Samhverfu
Veelhoek	Marghyrning
Vergelijking	Jafna
Vierkant	Ferningur
Volume	Bindi

Zakelijk
Viðskipti

Baas	Stjóri
Bedrijf	Fyrirtæki
Belastingen	Skattar
Carrière	Feril
Economie	Hagfræði
Fabriek	Verksmiðju
Financiën	Fjármál
Geld	Peningar
Inkomen	Tekjur
Investering	Fjárfesting
Kantoor	Skrifstofa
Korting	Afsláttur
Kosten	Kostnaður
Transactie	Viðskipti
Valuta	Mynt
Verkoop	Sölu
Werkgever	Vinnuveitandi
Werknemer	Starfsmaður
Winkel	Búð
Winst	Hagnaður

Zoogdieren
Spendýr

Aap	Api
Bever	Beaver
Coyote	Sléttuúlfur
Dolfijn	Höfrungur
Ezel	Asni
Geit	Geit
Giraf	Gíraffi
Gorilla	Górilla
Hond	Hundur
Kameel	Úlfalda
Kangoeroe	Kengúra
Kat	Köttur
Konijn	Kanína
Leeuw	Ljón
Olifant	Fíl
Paard	Hestur
Stier	Naut
Vos	Refur
Walvis	Hvalur
Wolf	Úlfur

Gefeliciteerd

Je hebt het gehaald!

We hopen dat u net zoveel plezier beleeft aan dit boek als wij aan het maken ervan. We doen ons best om spellen van hoge kwaliteit te maken.
Deze puzzels zijn op een slimme manier ontworpen zodat je actief kunt leren terwijl je plezier hebt!

Vond je ze mooi?

Een Eenvoudig Verzoek

Onze boeken bestaan dankzij de recensies die zij publiceren.
Kunt u ons helpen door nu een mening achter te laten ?

Hier is een korte link die u naar uw
bestellingen beoordelingspagina.

BestBooksActivity.com/Recensie50

FINAAL UITDAGING!

Uitdaging nr. 1

Klaar voor uw bonusspel? We gebruiken ze de hele tijd, maar ze zijn niet zo gemakkelijk te vinden. Hier zijn **Synoniemen!**

Noteer 5 woorden die je ontdekt hebt in elk van de onderstaande puzzels (nr. 21, nr. 36, nr. 76) en probeer voor elk woord 2 synoniemen te vinden.

Notitie 5 Woorden uit ***Puzzle 21***

Woorden	Synoniem 1	Synoniem 2

Notitie 5 Woorden uit ***Puzzle 36***

Woorden	Synoniem 1	Synoniem 2

Notitie 5 Woorden uit ***Puzzle 76***

Woorden	Synoniem 1	Synoniem 2

Uitdaging nr. 2

Nu je opgewarmd bent, noteer 5 woorden die je ontdekt hebt in elke hieronder genoteerde puzzel (nr. 9, nr. 17, nr. 25) en probeer voor elk woord 2 antoniemen te vinden. Hoeveel regels kan je doen in 20 minuten?

Notitie 5 Woorden uit ***Puzzle 9***

Woorden	Antoniem 1	Antoniem 2

Notitie 5 Woorden uit ***Puzzle 17***

Woorden	Antoniem 1	Antoniem 2

Notitie 5 Woorden uit ***Puzzle 25***

Woorden	Antoniem 1	Antoniem 2

Uitdaging nr. 3

Prachtig, deze finaal uitdaging  is makkelijk voor jou!

Klaar voor de laatste? Kies je 10 favoriete woorden die je in een van de puzzels hebt ontdekt en noteer ze hieronder.

1.	6.
2.	7.
3.	8.
4.	9.
5.	10.

De uitdaging is nu om met deze woorden en binnen een maximum van zes zinnen een tekst te schrijven over een persoon, dier of plaats waar je van houdt!

Tip: U kunt de laatste blanco pagina van dit boek als kladblaadje gebruiken!

Je schrijven:

NOTITIEBOEKJE:

TOT SNEL!

Linguas Classics

www.ingramcontent.com/pod-product-compliance
Lightning Source LLC
Chambersburg PA
CBHW082057120626
46553CB00011B/3442